con il contributo
della Regione Campania

I Ristampa - 2023

© 2019 Il Terebinto Edizioni
Sede legale: Via degli Imbimbo 8/E
83100 Avellino
tel. 340/6862179
e-mail: terebinto.edizioni@gmail.com
www.ilterebintoedizioni.it

Lorenzo Mori

L'ASSEDIO DI VIENNA

Gli ottomani alle porte d'Europa
e l'intervento polacco

TEREBINTO
EDIZIONI

INDICE

INTRODUZIONE

Il grande assedio con il quale gli ottomani cercarono di conquistare Vienna è un momento molto particolare della storia d'Europa. Mentre le attenzioni di tutti gli osservatori del tempo erano spostate sul secolare conflitto fra gli Asburgo e la Francia, mentre le discordie fra cattolici e protestanti proseguivano in molte regioni del vecchio continente, le ancora temutissime forze del sultano si stavano preparando per la loro ultima grande offensiva sullo scacchiere europeo. Agli ordini del nuovo visir Kara Mustafa, almeno 100 mila armati e altre decine di migliaia di ausiliari si stavano radunando per una nuova campagna in Ungheria.

Il governo austriaco non si rese conto che la prossima battaglia non sarebbe stata lungo qualche piazzaforte di confine o nelle sconfinate pianure ungheresi, ma sotto le porte della stessa Vienna.

Il lavoro che viene qui presentato vuole ricostruire sinteticamente la storia degli stati che, nell'estate del 1683, ebbero a scontrarsi nella battaglia di Vienna.

Il punto di vista si sposta, nel corso della trattazione, dall'Impero Ottomano al Sacro Romano Impero, governato dagli Asburgo e infine alla Confederazione Polacco-Lituana. La storia e il ruolo di questa potente realtà politica è anche l'obiettivo di questa ricostruzione storica.

Il primo capitolo narra gli antefatti all'evento. Vi è una breve descrizione della storia degli stati coinvolti nell'assedio, della loro organizzazione e dei loro rapporti diplomatici.

Nel secondo capitolo viene mostrata la potenza militare dei vari stati: il numero degli armati che potevano schierare, le loro tradizioni e strategie belliche. Inoltre, si vedrà come Leopoldo d'Asburgo cerchi alleati fra gli elettori tedeschi e la Polonia, in vista dello scontro, e di come la coalizione anti-turca riesca, alla fine, a costituirsi.

Il terzo capitolo è dedicato interamente e in maniera approfondita all'assedio e alla battaglia finale sotto le mura della capitale austriaca. Viene descritto minuziosamente il modo in cui i turchi avevano disposto le macchine d'assedio e il loro accampamento, le fortificazioni della città, nonché le azioni dei difensori. Vengono narrati i momenti salienti degli scontri fra la guarnigione e gli attaccanti, ed infine vi è una descrizione della battaglia campale fra gli ottomani e l'esercito di liberazione.

All'interno della narrazione degli eventi viene fatto uso di alcune fonti storiche primarie, in lingua polacca, tedesca, italiana ed ottomana (mediata da una traduzione critica tedesca). Per la ricerca del materiale, mi è stato utile il periodo di studi all'estero presso l'Università della città di Spalato, in Croazia.

I docenti croati mi hanno fornito interessanti consigli bibliografici (e non) riguardo a testi sulla storia degli Asburgo e sulla dominazione ottomana nei Balcani.

Come suggerisce il titolo, il lavoro qui presentato vuole cercare di gettare luce sull'importanza della potenza polacca nei giochi della politica internazionale al termine del XVII secolo, attraverso il suo provvidenziale (vedremo quanto) intervento durante l'assedio di Vienna. Dovrebbe, per il lettore italiano, trattarsi di un argomento interessante poiché spesso superficialmente affrontato nei testi sulla Storia europea del '600. A questo riguardo capire la storia di un'area complessa (quella che dai Carpazi e i Balcani si estende a nord fino al Mar Baltico e ad est comprende Podolia, Bielorussia e Lituania) può aiutare a comprendere fenomeni contemporanei come: sentimenti nazionalisti, rivendicazioni etniche e religiose, ma anche i buoni rapporti fra nazioni esistenti che ne ereditano la memoria del passato. E di questa area, ora legata in buona parte al vincolo dell'Unione Europea, dovrebbe esserne conosciuta e studiata più approfonditamente la memoria storica.

Dunque, per quanto riguarda la storia della Polonia, oltre a quello storico, il mio interesse è maturato a seguito dello studio della lingua e delle mie frequentazioni (ormai giornaliere) con cittadini polacchi.

In ultimo ci tengo a ringraziare la Dott.ssa Agnieszka Michałowska per il supporto alla traduzione delle fonti in lingua tedesca e polacca.

CAPITOLO I

Antefatto alla campagna ottomana del 1683

L'Europa e il pericolo turco

Per l'Europa e la cristianità il "Turco", come genericamente venivano chiamati gli ottomani dagli europei, era diventato uno pensiero ed una minaccia ormai costanti da quando il grande Impero Ottomano aveva stabilmente conquistato vaste aree del vecchio continente. Costantinopoli era caduta nel 1453 ed in meno di cento anni la maggior parte dei Balcani era finita sotto il dominio musulmano. Milioni di europei vivevano sotto l'occupazione di un popolo straniero che professava una diversa religione. La minaccia persisteva poiché molti cristiani, ai confini del grande Impero, temevano nuove ondate di conquiste. Anche il Mediterraneo era diventato un campo di battaglia e per secoli, a partire dal '400, incursioni, razzie e momentanee conquiste ottomane, o compiute da loro vassalli musulmani, avevano sconvolto la vita degli abitanti delle coste cristiane.

Le guerre mosse dai sultani contro l'Europa, pur con tregue lunghe diversi anni, continuarono fino alla campagna in Ungheria del 1683, che culminò con il poderoso assedio di Vienna. Negli anni precedenti, il governo ottomano si era tenuto fuori dalla Guerra dei Trent'anni, nonostante avesse ricevuto contatti per un intervento in funzione antimperiale. Infatti, verso la metà del XVII secolo, i sultani ottomani dovettero affrontare varie rivolte nel cuore del loro stesso territorio. In Anatolia, centro di identità dell'Impero, numerose ribellioni organizzate da mercenari locali rischiarono di far perdere il controllo della regione ad Istanbul[1]. Inoltre le difficoltà nel pagamento regolare del poderoso esercito ottomano fecero sì che anche i giannizzeri ed altre truppe iniziassero ad essere attivi sul piano politico, nonché a manifestare il loro dissenso tanto che molti visir persero la testa e i sultani il trono[2].

Alle tensioni interne si aggiunse la sconfitta militare nei Dardanelli ad opera delle galee veneziane nel 1656. Lo stesso popolo cominciò a rumoreggiare e negli ambienti di corte venne fatto il nome di Koprolu

---

[1] Cfr. S. FAROQHI, *L'impero ottomano*, Il Mulino, Bologna, 2014, pp. 91-92.

[2] Durante il solo XVII secolo, senza contare coloro che vennero detronizzati per altre cause (specialmente per instabilità mentale), tre furono i sultani deposti a seguito di colpi di stato, e fra questi due vennero giustiziati.

Mehmed che divenne così gran visir. Chiedendo di non essere in alcun modo intralciato nel suo ministero e nella nomina di nuovi funzionari, il visir, di origine albanese, riuscì a sedare le rivolte e a ricacciare i veneziani dai territori perduti. La sua onestà e la sua efficienza gli permisero di trasmettere la carica ai suoi discendenti. Fu così che, in questo ultimo periodo di splendore ottomano, Merzinfonlu Kara Mustafa (1634-1683) divenne nel 1676 gran visir della Porta.

Nei decenni precedenti all'assedio di Vienna del 1683, le armate ottomane avevano proseguito con successo una campagna in Ungheria (vittoriosi gli assedi di Varad nel 1660 e Uyvar nel 1663), nonostante la sconfitta presso San Gottardo (1664).

Sempre con successo avevano attaccato e conquistato Creta (assedio di Candia fra il 1648 e 1669), avevano sottratto la Podolia alla Polonia (assedio di Kamieniec del 1672) e avevano riportato un successo in Russia (assedio di Čyhyryn del 1678). Grazie a queste conquiste l'Impero raggiunse la sua massima espansione nel continente europeo.

Questa ultima grande stagione di successi ottomani mostrava in realtà una decadenza interna già esistente. Una crisi politica a livello centrale, come abbiamo accennato, ma anche una crisi militare e tecnologica, per cui Istanbul mostrava chiaramente di non riuscire più a seguire il passo con lo sviluppo tattico e strategico degli eserciti europei.

Per il grande impero islamico, l'unico vero credo religioso avrebbe prima o poi trionfato sui miscredenti che dovevano essere soggiogati. In questa direzione veniva vista la lunga avanzata iniziata con gli arabi nel VII secolo. Nella corte ottomana era familiare la leggenda della Mela d'Oro, la grande città cristiana (Vienna o Roma, le interpretazioni erano diverse). Si diceva infatti che il sultano che l'avesse conquistata avrebbe governato sull'Europa cristiana[3].

Le origini dell'attacco ottomano

Quella che verso la fine del XVII secolo apparve a milioni di europei come una grave minaccia per l'Europa e la cristianità, fu un'operazione militare che deve essere inquadrata nel complesso equilibrio delle forze del tempo e, non meno, in alcune decisioni personali dei regnanti dell'epoca. La preparazione dell'attacco turco contro il cuore dell'Europa venne pensata e stabilita soltanto nell'estate del 1682, quando il 6 agosto, nel palazzo del Sultano Mehmet IV, si tenne una grande assemblea dove doveva essere deciso se rinnovare la pace ventennale con gli Asburgo. Il gran visir Kara Mustafa era riuscito a mettere a tacere gli oppositori e così un'ambiziosa azione militare, diretta verso l'Ungheria asburgica, sarebbe iniziata

---

[3] Cfr. G. E. CARRETTO, *I Turchi del Mediterraneo. Dall'ultimo impero islamico alla Nuova Turchia*, Editori Riuniti, Roma, 1994, p. 71.

l'anno seguente[4]. Nel 1681 truppe di stanza nella zona settentrionale del Danubio erano state inviate in appoggio a Imre Thokoly, nobile magiaro ribelle agli Asburgo che tentava di ottenere l'indipendenza per quella parte d'Ungheria non ancora controllata dagli ottomani. All'inizio dell'anno seguente cominciarono a muoversi truppe di stanza in Bosnia e in Serbia: al Pascià di Buda era stato concesso di fornire aiuto ai ribelli ungheresi di Thokoly nella conquista di alcune piazzeforti. Intanto gli austriaci erano rimasti a guardare sperando di poter rinnovare la pace ventennale stipulata con gli ottomani e che sarebbe scaduta nel 1684.

La corte di Vienna era infatti più preoccupata per la minaccia continua costituita dalla politica di potenza della Francia di Luigi XIV. Gli avvenimenti che stavano interessando la frontiera ungherese non erano di per sé una definitiva dichiarazione di guerra ma gli Asburgo non riuscirono a cogliere le reali intenzioni della Porta. Un detto viennese dell'epoca così presentava la situazione scherzando: «La mezzaluna sale nel cielo notturno, e il gallo francese non dorme»[5]. Leopoldo I, Imperatore del Sacro Romano Impero, e la sua corte credevano che Luigi XIV fosse più temibile del Sultano Mehmed IV. Vienna informò il proprio inviato ad Istanbul, il conte Alberto

---

[4] Cfr. J. STOYE, *L'assedio di Vienna*, Il Mulino, Bologna, 2009, p. 9.

[5] *Ivi*, p. 11.

Caprara, di cercare anche attraverso alcune piccole concessioni territoriali di rinnovare la pace ed evitare lo scoppio di un'altra guerra.

Con una cerimonia ufficiale, in pompa magna, il sultano e la corte lasciarono Istanbul alla volta di Edirne nell'agosto del 1682. Una settimana dopo il grosso dell'esercito abbandonò gli accampamenti e si unì al sovrano nella marcia. Da Edirne la corte si trasferì, nella primavera seguente, a Belgrado, dov'era previsto il raduno di tutte le truppe. Insieme al sultano e ai suoi dignitari si spostavano i soldati, gli addetti alle salmerie, reparti di cavalleria, gli ambasciatori di Austria e Polonia e tutta l'umanità che poteva seguire e servire per un totale di almeno 100.000 uomini in marcia. Ogni giorno il sultano faceva visita all'esercito e finalmente il 13 maggio affidò solennemente il "Vessillo del Profeta", il sacro stendardo dell'Islam, al visir nominandolo comandante supremo della campagna che stava per iniziare[6].

Il 29 giugno, l'esercito – dopo aver deciso verso quale obiettivo puntare – entrò in territorio nemico e, nello stesso momento, tutta l'Europa avvertì infine quanto la minaccia turca fosse diventata tangibile. Tartari ed altri irregolari guidavano la marcia disposti a ventaglio, li seguiva il grosso dell'esercito, disposto

---

[6] Cfr. T. M. BARKER, *Double Eagle and Crescent. Vienna's Second Turkish Siege and Its Historical Setting*, State University of New York Press, Albany, 1967, p. 203.

su due colonne, in direzione della cittadella fortificata di Gyor. Il 10 giugno Thokoloj aveva raggiunto, con un seguito numeroso, il gran visir promettendo di mettere a disposizione molti combattenti. Fra i due capi si parlò della possibilità di attaccare Vienna, cosa che il conte magiaro caldeggiava. Il gran visir aveva mantenuto un grande riserbo sulla direzione finale della campagna, ma sembra certo che desiderasse compiere un'azione grandiosa che potesse innalzarne enormemente il rango e l'orgoglio. Una settimana più tardi si tenne l'ultimo consiglio di guerra prima dei combattimenti. Il visir, alla presenza del khan di Crimea, dell'aga dei giannizzeri e dei più alti dignitari ottomani propose apertamente di marciare sulla capitale asburgica, poiché solo un'azione del genere avrebbe aumentato significativamente il potere del sultano. Fatta eccezione per il khan di Crimea, che consigliò di sottomettere e razziare la regione di Gyor, i dignitari si espressero favorevolmente nei riguardi della grande impresa che poté finalmente iniziare[7].

La monarchia asburgica nel XVII secolo

Dopo la definitiva sconfitta ungherese presso Moáchs, nel 1526, ad ostacolare l'avanzata ottoma-

---

[7] Cfr. J. STOYE, *cit.* pp. 41-42.

na verso il cuore dell'Europa si trovavano i territori della dinastia degli Asburgo, gli unici detentori del titolo elettivo di Imperatore del Sacro Romano Impero. La loro area d'influenza si estendeva in molte regioni del continente, ma soprattutto furono i territori dell'Europa centrale, il cuore dell'Impero, a trovarsi di fronte all'imminente minaccia turca. Già ai tempi di Solimano il Magnifico, a seguito di una poderosa avanzata, gli Asburgo si erano ritrovati a dover fronteggiare l'esercito ottomano nel XVI secolo, tanto che nel 1529 Vienna venne assediata dalle truppe del sultano. Per quasi un mese un oceano di tende, e almeno un centinaio di migliaia di uomini, si erano accampati di fronte alla capitale austriaca. Ma gli ottomani, che credevano di poter facilmente conquistare la città, indeboliti dalla guerra parallela a oriente con la Persia safavide, dovettero desistere e terminare la campagna ripiegando verso Istanbul. Da quel momento la guerra con il *Turco,* nei Balcani, divenne un evento frequente.

I territori contesi dai due imperi erano concentrati nel vecchio regno di Ungheria, che era stato annientato dopo la sconfitta di Moáchs. Gli ottomani controllavano la maggior parte del territorio ungherese e, nei decenni, tentarono più volte di offrire il governo dell'Ungheria a qualche principe magiaro sottomesso che potesse aiutarli nella lotta contro l'Austria. Intanto gli Asburgo, dopo la morte del re d'Ungheria Luigi II (morto proprio durante il disastro di Moáchs), si erano fatti riconoscere come legittimi sovrani di Ungheria e di Croazia, mantenendo il controllo sull'esiguo territorio non occupato dai musulmani.

Se al termine della Guerra dei Trent'anni è impossibile non ammettere un indebolimento della causa cattolica e del Sacro Romano Impero, allo stesso tempo si deve osservare che il potere degli Asburgo si era notevolmente rafforzato nei loro domini ereditari. Inoltre, anche i territori imperiali legati alle corone di Boemia e di Ungheria cominciarono ad essere considerati un possesso ereditario. La grande sfida del casato austriaco, per poter divenire uno stato moderno – al pari dell'Inghilterra e della Francia – fu quella di riuscire, da un lato, a rendere completamente ereditaria la carica di imperatore mentre, dall'altro, vi fu la necessità di rendere indivisibili i territori asburgici. A tal fine nel 1665 venne ratificato il principio di indivisibilità dei domini della dinastia sotto il governo di un unico possessore: l'imperatore stesso[8].

Quando Leopoldo I (1640-1705), alla morte del padre, venne eletto imperatore, si trovò ad ereditare un Impero in balia di numerose difficoltà. Durante il lungo regno di Leopoldo (1658-1705) lo stato dovette affrontare numerosi pericoli e difficoltà che riuscì, però, a superare con successo. Fra questi, oltre

---

[8] Cfr. A. KANN ROBERT, *A History of Habsburg Empire 1526-1918*, University of California Press, Berkely-Los Angeles, 1980, pp. 54-55.

alla pericolosa mancanza di una salda discendenza, tanto nel ramo spagnolo della dinastia che in quello austriaco, a preoccupare enormemente i consiglieri di Vienna era la politica estera, in particolare lo spregiudicato espansionismo intrapreso dal re di Francia Luigi XIV.

La direzione della politica asburgica, nella seconda metà del '600, fu quasi sempre diretta verso occidente, considerando come secondario lo scontro secolare con i Turchi. I piani di conquista del potente Luigi XIV, congiuntamente al declino del casato Asburgo in Spagna, spostavano quasi tutta l'attenzione verso ovest. Al termine di sette anni di guerra contro la Francia, i trattati di Nimega del 1679 (dove l'Impero si vedeva sottratta di fatto la Lorena) pur essendo favorevoli a Luigi XIV, non avevano affatto diminuito le pretese dell'ambiziosa corte francese. Contemporaneamente l'intensa attività diplomatica di Luigi XIV stava avendo migliori risultati di quella di Leopoldo, poiché alcuni elettori dell'Impero erano finiti sotto l'ala francese. Inoltre, dopo l'elezione del nuovo re di Polonia Giovanni III Sobieski, legato a Luigi XIV, l'influenza di Parigi stava per affermarsi concretamente anche in quell'area. La politica estera del re Sole non si preoccupava di intrattenere rapporti diplomatici anche con i nemici della cristianità, auspicando un futuro attacco ottomano all'Impero.

La lotta contro i Turchi era considerata meno urgente di tutti questi fronti aperti. Almeno questa era la visione della maggior parte dei consiglieri di Leopoldo, pur esistendo a corte un partito clericale fortemente preoccupato per la presenza musulmana in Europa. Contro gli ottomani le ultime ostilità risalivano alla Guerra Austro-Turca (1663-64), quando un forte esercito di circa 100.000 soldati, inviato dal Sultano Mehmet IV, aveva invaso l'Ungheria occidentale. Nonostante le esigue forze imperiali (ingrossate da alcuni contingenti di soccorso europei), gli ottomani vennero fermati e sconfitti nella battaglia di San Gottardo (1664) da forze numericamente inferiori ma abilmente comandate da Raimondo Montecuccoli, comandante in capo dell'esercito imperiale. A seguito della vittoria, Vienna preferì impegnarsi in una tregua di durata ventennale con l'Impero Ottomano per tornare ad occuparsi della minaccia francese. La tregua doveva durare fino all'anno 1684 ma, come sappiamo, le ostilità della Porta si misero in moto prima del termine di questa scadenza.

Un altro pericolo che la politica viennese era costretta a non trascurare era il già citato fronte ungherese. Nell'Ungheria occidentale un altro protagonista scomodo, nello scontro fra i due Imperi, era anche l'indomito popolo magiaro che sentiva il peso della dominazione straniera sul proprio territorio. All'inizio del 1680 il conte Imre Thokoloy venne eletto a capo di un numeroso gruppo di dissidenti nell'Ungheria asburgica. Imre era un giovane, energico ed abile, il cui obiettivo era quello di costituire e governare un principato ungherese autonomo. Lui e gli altri insorti magiari erano estremamente avversi alla dominazione asburgica in Ungheria, tanto da vedere nei dominatori ottomani l'unico alleato per una futura autonomia. Il suo avvicinamento all'Impero Ottomano fece sì che il sultano lo nominasse re d'Ungheria per ottenerne l'appoggio. Di fronte al pericolo, nella Dieta del 1681, Vienna, nel tentativo di riconciliarsi con Thokoloy, ripristinò la costituzione ungherese e permise nuovamente il culto protestante nel paese. Ma i consiglieri del conte non si fidavano della corte austriaca e, come altri, vedevano erroneamente la potenza ottomana come inarrestabile. Fu così che quando Kara Mustafa iniziò l'avanzata del suo potente esercito, nel 1683, verso il cuore dell'Impero, Imre si schierò contro gli imperiali. Non dubitando della vittoria turca e, rompendo ogni indugio, il conte, come vassallo e fedele alleato della Porta, partì con il suo esercito alla volta di Vienna[9].

La Polonia di Giovanni III Sobieski

L'avanzata ottomana verso il cuore dell'Europa trovava di fronte a sé altri due temibili avversari nell'area orientale europea: il principato di Rus e la Confederazione Polacco-Lituana. Mentre il princi-

---

[9] Cfr. P. HANAK, *Storia dell'Ungheria*, FrancoAngeli, Milano, 1996, pp. 70-72.

pato, nel '600, non aveva ancora cominciato la sua fase di inesorabile avanzata verso l'Europa e il Mar Nero, la Polonia era stata, sin dalla fine del XVI secolo, un forte baluardo all'espansione ottomana verso l'Est Europa.

La Polonia, che già da tempo era diventata una monarchia indipendente, essendo riuscita a sottrarsi al giogo dell'Impero e alle mire dei suoi pericolosi vicini, era ormai stimata come uno dei più importanti stati della zona centrale del continente europeo. Con una forza militare non indifferente, alla metà del XVII secolo, la Confederazione aveva raggiunto la sua massima estensione (990,000 Km^2) e poteva contare 10 milioni di abitanti, di cui il 40% polacchi[10]. Il paese si estendeva infatti dalla Slesia ai Paesi Baltici, e dalla Bielorussia all'Ucraina, fino quasi a toccare le coste del Mar Nero. Nel 1569 i destini del Regno di Polonia si erano uniti a quelli del Granducato di Lituania attraverso la pronuncia di un'assemblea di nobili tenutasi presso la città di Lublino. La nuova realtà statale prese il nome di Confederazione Polacco-Lituana (*Rzeczpospolita Obojga Narodów*), anche chiamata più semplicemente "Repubblica". La suprema carica dello stato non era ereditaria ma gestita da un sistema di monarchia elettiva, dove ad eleggere il sovrano erano i nobili riuniti nella Dieta Generale. Il

---

[10]   Cfr. A. GIEYSZTOR, *History of Poland*, PWN- Polish Scientific Publishers, Varsavia, 1979, p. 180.

principio elettivo durò fino alla fine della Confederazione (1795) e raramente, come si può immaginare, permise la presenza di un forte monarca. Il re eletto aveva un potere di rappresentanza sulla popolazione e la nobiltà ma non aveva alcuna autorità assoluta sul territorio, dove più forte restava il potere aristocratico. Oltretutto, secondo la norma confederale del *liberum veto*, anche un solo voto contrario poteva invalidare e rendere nulle le decisioni della Dieta, rendendo la gestione del potere spesso precaria. Tale pratica si era sempre più diffusa durante la metà del XVII secolo. Questa *"libertà d'oro"*[11], che era garantita alla classe dei nobili (in polacco S*zlachta*), impediva il progresso dello stato, a partire proprio dalla difficoltà di vedere eletto un forte monarca, che sarebbe rimasto inviso ai magnati. Impediva anche lo sviluppo sociale del paese: la servitù della gleba era ancora una realtà in Polonia, e le scienze e gli studi universitari, che durante il Rinascimento tanto erano fioriti, si stavano ormai arenando durante il '600.

---

[11] La nobiltà polacca era riuscita, nel corso dei secoli XVI-XVII, ad appropriarsi di una serie davvero lunga di privilegi di gruppo e personali (come "l'intoccabilità"), che non avevano eguali in altri paesi europei e che, secondo la storiografia comune, sarebbe uno dei fattori che hanno portato la Polonia alla decadenza ed al periodo delle spartizioni. Per questo la Polonia dell'età moderna è stata definita anche come "Il paradiso dei Nobili" (Cfr. N. Davies, *God's playground. A History of Poland,* VM. I, Columbia University Press, New York, 1982, p. 201 e seg.).

In questo quadro di decadenza, anche maggiori erano i pericoli provenienti dalle lotte armate con i vicini della Repubblica. Durante tutto il '600 i polacchi avevano dovuto scontrarsi più volte contro i nemici della regione: russi, svedesi, prussiani, ottomani, ma anche contro popolazioni stanziate in parte entro i confini dello stato, come cosacchi e tartari. Il momento più tragico fu quando, a seguito dell'invasione svedese, durante la Seconda Guerra del Nord (1655-1660), la quasi totalità del territorio polacco venne temporaneamente conquistata dall'esercito nemico, mentre la nobiltà si era già sottomessa agli invasori.

Intanto, a partire dalla fine del '400, l'Impero Ottomano si era mostrato pericolosamente vicino ai confini della Polonia, dando inizio ad una lunga serie di guerre fra polacchi e turchi che si svilupperanno soprattutto nel corso del XVII secolo. I territori contesi con gli ottomani furono prevalentemente la Moldavia, la Transilvania e, soprattutto, le zone dell'odierna Ucraina, che facevano da confine fra la Confederazione e l'Impero Ottomano.

In questa zona turbolenta due gruppi giocavano un ruolo importante nelle relazioni militari e di potere: i cosacchi e i tartari. I primi erano una casta militare stanziata nelle zone dell'odierna Ucraina e servivano più nazioni nei conflitti della regione. La Confederazione si serviva ampiamente di cosacchi per potenziare il proprio esercito, anche se questi, riunendosi, si erano talvolta ribellati, muovendo guerra contro i polacchi stessi. Mentre i tartari (popolazione proveniente dalle steppe euro-asiatiche, e in maggioranza convertita da secoli all'Islam sunnita) erano un gruppo etnico diffuso in ampie aree dell'Europa orientale, fra cui la Polonia e la Lituania. Ma essi erano anche presenti in un forte stato vassallo della Porta: il Khanato di Crimea. I tartari di Crimea partecipavano alle varie campagne ottomane in Europa ma durante le offensive contro i polacchi si univano all'esercito imperiale. Inoltre, con le loro frequenti incursioni e razzie, i tartari rendevano i confini della Repubblica altamente insicuri tanto da rendere necessaria la presenza di presidi permanenti.

Le ultime guerre contro i turchi avevano dimostrato, nonostante la crisi ottomana, che le forze musulmane nell'area erano ancora estremamente pericolose per la Confederazione. Nel 1666 i cosacchi, con l'intento di estromettere i polacchi dai propri territori, si allearono con la Sublime Porta, dando inizio alla Guerra Polacco-Tartaro-Cosacca. I tartari ne approfittarono per attaccare in forze la Confederazione che era rimasta indebolita dalle recenti guerre contro svedesi e russi. Nel 1667 le forze dell'Atamano Sobieski (futuro re di Polonia) fermarono l'avanzata nemica nella battaglia di Podhajce. La guerra si protrasse fino al 1671, dando modo agli ottomani di preparare un'ampia offensiva che portò alla Terza Guerra Polacco-Ottomana (1672-1676). All'inizio delle ostilità i polacchi si trovarono impreparati allo scontro, complice uno dei tanti scontri diplomatici fra il monarca e gli *Szlachta* e non poterono resistere ad un'offensiva sferrata da più di 80.000 soldati turchi. Gli ottomani avanzarono attraverso l'Ucraina polacca e conquistarono la roccaforte di Kamieniec. In un primo momento la Confederazione fu costretta a siglare un trattato di pace in cui la Podolia veniva ceduta all'Impero. Finalmente, nel 1673 la Dieta dei nobili riuscì ad accordarsi per sovvenzionare la costituzione di un nuovo esercito che venne affidato al Grande Atamano Sobieski. Egli riuscì a sconfiggere in una serie di battaglie campali gli ottomani ed a riconquistare i territori perduti spingendosi sino ad attaccare la Moldavia. Quando la guerra ebbe fine, nel 1676, nonostante il successo delle ripetute campagne polacche, alla Confederazione non venne restituita che una parte dei territori perduti negli scontri.

Alla fine del secolo, ma già precedentemente, si potevano distinguere due fazioni di magnati nella Confederazione: una filoasburgica e l'altra filofrancese (i cosiddetti "malcontenti"). Il primo e più numeroso gruppo, quello in cui si riconoscevano molte famiglie aristocratiche, preconizzava l'insediamento di un Asburgo sul trono polacco. Era più incline a difendere i privilegi della nobiltà, favorevole a proseguire la guerra contro la Turchia e alla rottura con la Francia. Il gruppo filofrancese, invece, puntava a rafforzare il potere del re, a stabilire buoni rapporti con il governo ottomano e ad insediare un francese sul trono[12]. Un forte sostenitore di quest'ultima fazio-

---

[12] Cfr. J. W. Woś, *Giovanni III Sobieski e la battaglia di Vien-*

ne era Giovanni Sobieski (1629-1696) che nel 1665 aveva consolidato il suo appoggio alla causa francese avendo sposato Maria Casimira Luisa, legata alla corte di Luigi XIV e da anni unita a lui da un tenero legame affettivo.

Giovanni era nato in una famiglia di antiche tradizioni militari. Il padre, infatti, si era distinto in numerose battaglie tra cui il celebre e vittorioso scontro presso Chocim, contro i turchi nel 1621. Dopo aver viaggiato per l'Europa, seguendo la moda tipica dell'epoca, tornato in Polonia Sobieski si dedicò alla carriera militare combattendo fin da subito contro tartari e cosacchi e fu gravemente ferito alla testa durante uno scontro. Giovanni mostrò sempre un'eccellente conoscenza della cultura e degli usi militari dei tartari e dei turchi. Infatti, non solo si era scontrato con loro ma era stato comandante di un gruppo di cavalieri tartari che combattevano per la Confederazione. Inoltre aveva partecipato ad alcune delicate spedizioni diplomatiche, come quando, nel 1653, era stato ostaggio presso i tartari durante alcune trattative di pace; o quando, nel 1654, aveva soggiornato alcuni mesi ad Istanbul per studiare l'arte militare e i sistemi di fortificazione[13].

È qui fuori luogo illustrare tutta l'eccezionale carriera militare di Sobieski, occorre però notare che,

---

na (12 settembre 1683), Romagrafik, Roma, 1984, pp. 15-16.
[13] Cfr. O. LASKOWSKI, *Sobieski. King of Poland*, Polish Library, Glasgow, 1944, p. 17.

negli anni, il condottiero si era legato sempre di più alla corte regia e alla sua politica filofrancese. Gli storici che studiano il regno di Giovanni III sono concordi nel ritenere che l'elezione a re di Polonia sia dovuta al successo militare riportato a Chocim sui turchi, guidati da Hussein Pascià, l'11 novembre 1673. Il giorno prima era venuto a mancare re Michele I e Sobieski era senza ombra di dubbio l'uomo più popolare del regno. Nonostante la presenza di candidati d'eccezione, fra i quali il più importante era Carlo di Lorena, Sobieski venne eletto senza esitazioni dalla Dieta di Elezione, perfino con i voti dei filoaustriaci. A causa della guerra contro i turchi l'incoronazione non poté aver luogo prima del 2 febbraio 1676. Fin dal principio il ruolo di monarca non fu per Giovanni affatto facile. Gli oppositori filoasburgici si fecero più tenaci e tentarono di detronizzarlo in favore di Carlo di Lorena, che era stato già suo concorrente al trono e che nel frattempo aveva sposato la vedova del defunto re Michele. Solo nel 1679, durante la Dieta di Grodno, si giunse ad una tregua fra le due fazioni. Una serie di giochi diplomatici e la minaccia musulmana avrebbero presto mutato gli orizzonti della politica della corte di Sobieski. Con l'avvicinarsi del pericolo turco nel 1683, Leopoldo d'Asburgo cominciò a cercare ufficialmente un'alleanza fra l'Impero e la Polonia in chiave anti-ottomana[14].

---

[14] Cfr. J. W. Woś, *cit.,* pp. 23-24.

La figura di Giovanni, comandante di cavalleria, inviato presso i Tartari ed i Turchi e non per ultimo re di Polonia, potrebbe essere ancora arricchita da una curiosità. Secondo alcuni: «Se non fosse stato eletto re, sarebbe sicuramente entrato nella storia della letteratura polacca. Questa è l'opinione corrente fra i critici[15]». Di Giovanni ci restano numerose lettere a personaggi famosi della sua epoca ed alcune possono essere considerate utili fonti storiche. Ma ciò che eleva la scrittura del monarca a letteratura è il sincero e straordinario carteggio con la moglie Maria Casimira. Sobieski, a causa degli impegni militari e istituzionali, doveva separarsi spesso dalla consorte e in queste lettere è possibile rintracciare i teneri sentimenti dei due coniugi. Le lettere a *"Marysienka"*, come egli chiamava affettuosamente la moglie, sono state scritte in un periodo che comprende alcune decine di anni, fino ad arrivare al 1683, l'anno dell'assedio di Vienna. Come vedremo più avanti, questo carteggio arriverà fin sotto le porte di Vienna liberata dal pericolo, dove il re, mentre riposava al termine dello scontro, poteva scriveva alla moglie osservando il campo di battaglia da una prospettiva particolare, mentre si trovava «sotto la tenda del Vesir, il 13 settembre 1683, la notte»[16].

---

[15] *Ivi*, p. 59.

[16] Lettera del 13 settembre 1683, da Sobieski alla moglie Marysienka. (Cfr. Biblioteka Literatury Polskiej w internecie, http://literat.ug.edu.pl/).

CAPITOLO II

Le forze in campo

La potenza ottomana

Alla fine del XVII secolo l'Impero Ottomano non era più quella forza dirompente che, due secoli prima, era penetrata sul suolo europeo, ma ciò nonostante rimaneva uno stato di proporzioni enormi ed in grado di schierare un numero impressionante di armati affidabili e ben addestrati.

La tattica di combattimento ottomana, durante il secolo XVII, era basata su modalità che si erano sviluppate più di un secolo prima, quando la Porta era diventata:

> la prima forza orientale in grado di bilanciare
> le tecniche di combattimento dei guerrieri
> delle steppe con nuove tattiche e tecnologie
> belliche[1].

---

[1] A. P. Brainard, *Polish-Lithuanian cavalry in the late seven-*

L'esercito di terra ottomano era composto dagli schiavi della Porta (i *Kapikullari*) e dalle forze di provincia. I *Kapikullari* erano composti per lo più da soldati appiedati e, a partire dal XVI secolo, venivano controllati dal sistema del *devishirme* (raccolta), che consisteva nel periodico rastrellamento di sudditi non ottomani (molto spesso gli abitanti cristiani dei Balcani) che venivano appunto presi durante la loro adolescenza per poi essere addestrati. Fra questi, la maggior parte entrava a far parte del corpo dei giannizzeri, ovvero l'unità di fanteria più professionale e più importante di tutto l'Impero. Gli arruolati diventavano così schiavi dello stato ed erano costretti a vivere in caserme lontane dal loro luogo di nascita. Nel loro percorso di istruzione, non solo militare, sarebbero diventati musulmani per poi, forse, ottenere la libertà in età adulta. I giannizzeri erano direttamente stipendiati dallo stato ed erano sottoposti alla sola autorità centrale. Questo almeno finché, con l'aumento dei loro privilegi come classe sociale, nel corso del XVII secolo, dettero vita a rivolte contro il governo o alcuni suoi membri. In quel periodo di massima espansione arrivarono ad essere circa trentamila in tutto l'Impero. I giannizzeri costituivano l'elemento di maggior rilievo fra le forze del sultano, poiché erano estremamente abili nell'uso

---

teenth century, in "The Polish Review", Vol. 36, No. 1 (1991), p. 73, JSTOR (www.jstor.org/stable/25778547).

di fucili, archi, frecce e della picca[2]. Oltre ai giannizzeri c'erano anche altri *Kapikullari* nell'artiglieria: il corpo dei cannonieri e quello degli armaioli, che doveva fabbricare armi e armature per i giannizzeri; gli addetti ai mortai e gli addetti alle mine venivano reclutati nello stesso modo. Quest'ultimo gruppo aveva acquisito una tecnica formidabile nell'utilizzo di esplosivi contro le fortificazioni nemiche.

Recenti studi hanno invece messo in luce come l'addestramento dei giannizzeri fosse abbastanza deficitario, poiché, prima di diventare un soldato vero e proprio, il giovane cadetto svolgeva molti altri compiti, spesso non inerenti ad un vero e proprio addestramento militare. Erano principalmente le esperienze sul campo e le lezioni impartite dai veterani ad insegnare ai giannizzeri come combattere[3].

La parte più importante dell'esercito, proveniente dalle provincie, erano gli *Spahi*, unità di cavalleria dotate e fornite dai *Timar*, un'istituzione simile ai feudi dell'Europa medievale. Con i profitti della concessione ogni timariota aveva il dovere di mantenere, addestrare e armare un numero di cavalieri proporzionato alla grandezza del feudo che aveva

---

[2] Cfr. F. Ottaviano, *I giannizzeri e il Vak' a-i Hayriye*, Bardi Editore, Roma, 2006, p. 20.

[3] Cfr. G. Veinstein, *On the Ottoman Janissaries (Fourteenth-Nineteenth Centuries)*, in *Fighting for a Living: A Comparative Study of Military Labour 1500-2000)*, Amsterdam University Press, Amsterdam, 2013, pp. 133–134, JSTOR (www.jstor.org/stable/j.ctt6wp6pg.7).

ricevuto in gestione. Questi non solo riscuoteva le tasse, ma doveva anche mantenere l'ordine pubblico, proteggere gli agricoltori e garantire le funzioni governative nei suoi territori. La costituzione del Timar garantiva dunque allo stato ottomano un ottimo compromesso fra le spese (sostenute appunto direttamente dai timarioti) e il numero degli armati schierabili. Ma conseguentemente gli Spahi, con la fine dell'estate, dovevano necessariamente smobilitarsi per tornare ad occuparsi della gestione dei loro distanti territori[4]. Gli Spahi venivano utilizzati come cavalleria pesante regolare. Erano protetti da un'armatura ed equipaggiati per combattimenti ravvicinati. Venivano rafforzati da altri cavalieri coscritti, inizialmente arcieri a cavallo, che utilizzavano tattiche di disimpegno o da cavalleria leggera. Più tardi divennero cavalieri che facevano affidamento su un'armatura a maglie, una lancia, una mazza e una sciabola.

Il cuore della fanteria era composto prevalentemente da giannizzeri che come gli Spahi erano una forza professionale. I giannizzeri utilizzavano un moschetto da spalla, più leggero di quelli in dotazione agli europei ed erano armati con un'alabarda. Gli ottomani erano soliti portarsi dietro un vasto parco di artiglieria da impiegare in quasi tutti gli scontri. Testimoni coevi hanno notato che venivano poco utilizzate le pistole.

---

[4] Cfr. F. OTTAVIANO, *cit.*, p. 20.

Una volta sul campo di battaglia, l'esercito turco era solito schierare una prima linea composta da fanteria leggera e cavalleria irregolare. Nella seconda fila era disposto l'esercito regolare: al centro i giannizzeri e gli Spahi, mentre sui fianchi venivano solitamente schierati altri timarioti ben protetti ed equipaggiati, insieme con i loro vassalli[5].

Gli ottomani adottarono e assimilarono le tecniche militari degli europei con grande capacità e velocità. Dal 1520, per almeno un secolo e mezzo, le armate del sultano riuscirono a tenere il passo con i contingenti europei, ma le loro abilità tattiche e tecnologiche divennero successivamente sempre meno competitive. Già nel 1602 il comandante turco in Ungheria deplorò che le sue forze, pur spesso superiori in numero, non possedessero la stessa potenza di fuoco delle armate cristiane, ormai dotate di moschetto, arma che i soldati del sultano non maneggiavano con altrettanta destrezza[6]. In seguito la diffusione e il perfezionamento del fuoco a raffica e l'espansione dell'utilizzo delle artiglierie da campagna accrebbero maggiormente il divario. Anche se questo apparente deficit tecnologico dev'essere inquadrato in maniera adeguata. Ad esempio, durante la Guerra dei Trent'anni è stato riscontrato che i moschetti europei

---

[5] *Ibidem*.
[6] Cfr. G. PARKER, *La rivoluzione militare*, Il Mulino, Bologna, 1999, p. 225-226.

avessero un tiro utile intorno ai 200-250 metri. Ai tempi dell'assedio di Vienna, secondo i resoconti di osservatori cristiani, i moschetti ottomani garantivano una gittata prossima ai 300 metri[7].

Con gli eserciti impegnati su più fronti contemporaneamente, le autorità ottomane crearono molteplici centri manifatturieri per gli armamenti che spesso erano, però, distanti migliaia di chilometri dalla frontiera in Europa[8]. I turchi poi non impararono mai a modificare, durante gli scontri, le loro colonne in sottili linee più adatte al nuovo tipo di guerra a cui si stavano abituando i cristiani a partire dal XVII secolo. Questi erano gli armati e queste erano le condizioni materiali e strategiche con le quali la Sublime Porta poteva schierare quello che ancora era, senza dubbio, un esercito temibile e che non andò lontano dal compiere l'incredibile impresa che animava il gran visir Kara Mustafa.

Occorre ora ripercorrere le ultime fasi dell'avanzata ottomana verso Vienna. Il 3 maggio il sultano arrivò a Belgrado con il grosso dell'esercito, aspettando che le forze provenienti dalle varie aree dell'Impero raggiungessero l'accampamento principale. Qui venne revisionata l'artiglieria che, da un rapporto turco, si deve ritenere che non consistesse,

---

[7] Cfr. M. ROHADS, *Ottoman warfare 1500-1700*, ULC Press, Londra, 1999, p. 111.

[8] Cfr. G. PARKER, *cit.*, p 226.

in quel momento, in più di 60 fra cannoni e mortai[9]. Fra il 18 e il 20 maggio giunse il governatore della Mesopotamia con i suoi soldati. Intanto, dopo essere stato nominato comandante della campagna, Kara Mustafa si mise in cammino verso l'Austria. Il 14 giugno l'esercitò comincio a lasciare Osjek. Da qui in poi fu adottato un rigido ordine di marcia: Kara Mehemet di Diyarbakir guidava un'avanguardia di 20.000 uomini, fra cui 3.000 giannizzeri, a cui si aggiunsero 8.000 tartari arrivati dall'Ungheria. Il pascià di Buda si era occupato del reclutamento di armati nella regione e adesso si adoperava per il continuo rifornimento del grande esercito.

Il 29 giugno i turchi entrarono in territorio nemico[10]. Il 1° luglio le forze ottomane entrarono in contatto con l'esercito imperiale schierato a difesa dei ponti sul fiume Raba, nei pressi della piazzaforte di Gyor, nell'Ungheria settentrionale. Gli osservatori cristiani, vedendo la massa enorme che avanzava, si resero conto del pericolo che li attendeva. Circa 180.000 uomini (forse di meno) brulicavano a pochi chilometri da loro[11]. In poco tempo gli irregolari ri-

---

[9] Cfr. J. STOYE, *cit.*, p. 14.

[10] *Ivi*, p. 15.

[11] Stando al resoconto di un dignitario austriaco ostaggio degli ottomani. Il conteggio tiene in considerazione la presenza di ausiliari e irregolari. È comunque verosimile, che in seguito, di fronte alle mura di Vienna, si trovassero circa 120 mila armati turchi (Cfr. G. C. KUNITZ, *Diarium Welches Der am Türckischen*

uscirono a trovare dei guadi così che fu impossibile organizzare una difesa efficace. Gli ottomani, in poche ore, si erano già riversati in massa oltre il fiume e il panico dei soldati convinse il duca di Lorena ad abbandonare la difesa del fiume e della città di Gyor. A questo punto la strada verso Vienna era aperta ai turchi e, con la fuga degli imperiali, sembrò che il poderoso esercitò ottomano non avrebbe potuto tradire l'ambizioso piano del suo gran visir.

Dal punto di vista strategico gli alti dignitari ottomani avevano però commesso un grave errore. Infatti non avevano immaginato che il re polacco, che sembrava legato al partito francese, avrebbe poi allacciato buoni rapporti con gli Asburgo. Un simile errore significò che gli ottomani non presero sul serio la possibilità che un esercito di soccorso potesse raggiungere Vienna assediata[12].

Innocenzo XI e la coalizione cristiana

L'elezione al soglio pontificio di Innocenzo XI (1676) dette nuovo impulso ad una politica di contrasto nei confronti dei musulmani. Innocenzo, al secolo Benedetto Odescalchi, nel corso del Seicento fu il massimo esponente di quella scuola di pensiero

---

Hoff..., Vienna, 1684, p. 6).
[12] Cfr. S. Faroqhi, *cit.*, p. 99.

che prestava grande attenzione ai territori ottomani, sostenendo l'azione di missionari, soprattutto francescani, e cercando di indebolire l'influenza della diplomazia di Istanbul. Il governo del pontefice fu caratterizzato, fin dall'inizio, da un incessante sforzo per pacificare i cattolici affinché potessero concentrarsi sulla questione orientale.

La corte viennese non approvava l'atteggiamento del papa. Odescalchi, pur di ottenere una nuova e stabile armonia, riappacificata la questione fra i due grandi sovrani d'Europa – Leopoldo e Luigi XIV – aveva ritenuto i trattati di Nimega, pur sfavorevoli all'Impero, come un utile strumento per concentrare le forze del mondo cristiano verso un altro fine, ovvero il ritorno alle ostilità contro i musulmani. A suo modo di vedere, dopo il 1679, ogni riluttanza degli Asburgo a cedere ulteriori territori al re Sole rappresentava un indegno rifiuto, che impediva di concentrarsi sulla questione dell'Ungheria e dei Balcani. Il papa, infatti, attraverso il nunzio Buonvisi, sollecitò Vienna alla distensione con Luigi ma ne derivò un'aspra lotta a corte[13]. Intanto, durante l'autunno del 1682, i preoccupanti rapporti dell'inviato Caprara ad Istanbul avevano convinto Leopoldo a mettere da parte la sua naturale antipatia verso la Polonia per raggiungere un accordo difensivo con Giovanni Sobieski.

---

[13] Cfr. T. M. Barker, *cit.*, p. 118.

Il vero architetto del trattato fra l'Austria e la Polonia fu proprio Kara Mustafa. Come abbiamo visto, nonostante la sua politica aggressiva, mancò di rendere noti i suoi piani facendo sì che entrambe le potenze si sentissero minacciate e decidessero di stringere un'alleanza che pochi anni prima sarebbe sembrata impensabile[14]. Nell'estate del 1682 gli ungheresi di Thokoloj avevano minacciato il confine carpatico con la Polonia, arrivando a muovere incursioni fino alla Slesia. La natura di questa minaccia poteva ingigantirsi poiché cominciò a sembrare credibile, anche ai polacchi, l'apparizione – per l'anno successivo – di un enorme esercito ottomano in appoggio ai ribelli magiari. La stessa città di Cracovia e le regioni meridionali polacche mostravano la loro vulnerabilità. Fu così che, nell'estate del 1682, si tennero delle trattative segrete fra i sovrani e i diplomatici di Austria e Polonia. Poiché ormai la minaccia si stava palesando e l'accordo era auspicato da entrambi i monarchi, fu facile per i consiglieri di Leopoldo e di Sobieski stringere l'alleanza. Nella futura campagna gli austriaci si sarebbero impegnati a schierare in Ungheria 60.000 uomini, mentre i polacchi avrebbero dovuto agire presso i loro confini, contando di distrarre le forze turche con non meno di 40.000 armati. L'accordo prevedeva anche che, nel caso in cui Vienna o Cracovia stesse fossero state

---

[14] Cfr. J. STOYE, *cit.*, p. 99.

direttamente in pericolo, l'alleato avrebbe dovuto giungere in soccorso della città assediata.

Con queste precisazioni i sovrani raggiunsero l'auspicata alleanza senza problemi. Era necessario però richiedere l'avallo della Dieta polacca, poiché nessun trattato del genere poteva essere ratificato senza il consenso di essa. Ebbe inizio, dunque, un dibattito fra i membri dell'assemblea. Essi erano sostanzialmente favorevoli all'accordo, ma desideravano discuterne i dettagli affinché il reclutamento non gravasse sulla classe dei magnati. Nei mesi di trattative a muoversi fra le parti, per raggiungere più rapidamente un'intesa, si distinse Pallavicini, l'abile nunzio papale in Polonia. Finalmente, il 18 aprile del 1683 il trattato venne ratificato dalla Dieta con grande sollievo degli inviati di Leopoldo[15].Bisogna specificare che al fine di trovare un simile compromesso, vista la difficoltà cronica della Polonia ad aumentare il proprio numero di armati, sarebbe stata la tesoreria imperiale a pagare l'esercito polacco. L'ammontare dei denari richiesti era una somma corrispondente a 360.000 fiorini che, uniti a spese varie, portarono l'impegno asburgico in Polonia a 580.000 fiorini[16].

Un altro uomo di fede si dimostrò grande protagonista nella difesa della cristianità contro gli otto-

---

[15] *Ivi*, p. 101.
[16] *Ivi*, pp. 99-102.

mani: il cappuccino Marco D'Aviano (1631-1699). Il celebre francescano nacque in Friuli e dimostrò subito di essere un religioso particolare. All'età di 16 anni, fuggendo dal seminario, tentò di imbarcarsi per Candia per raggiungere le truppe veneziane che resistevano all'assedio dei turchi, ma non ottenne l'autorizzazione a partire. Padre D'Aviano fu uno stimato predicatore e missionario, ottenendo in vita un'eccezionale fama di santo. La sua reputazione aveva valicato le Alpi. Il duca di Lorena lo aveva personalmente invitato presso la sua corte di Innsbruck ma il cappuccino in quell'occasione non aveva ricevuto il consenso papale. Nel 1680 Innocenzo XI dovette cedere, dando così inizio ad un periodo in cui il frate arrivò ad avere un grande ascendente sull'Austria e sulla Germania. Nel settembre di quell'anno raggiunse a Linz la corte di Leopoldo che lì si era rifugiata a causa di un'epidemia di peste. Leopoldo rimase profondamente impressionato dal carattere e dal carisma del religioso. Nel 1682 il frate si recò a Vienna, ritenendo che la sua presenza avrebbe garantito la salvaguardia del duca di Lorena da una malattia. Da quel momento, presso la corte imperiale ci sarebbe stato un nuovo ed attivissimo sostenitore della causa antiturca e ciò si rivelò determinante per il raggiungimento dei difficili obiettivi di Innocenzo XI[17].

---

[17] Cfr. T. M. BARKER, *cit*, p. 181.

Se l'Europa venne salvata da una possibile invasione turca il merito fu anche di Innocenzo XI. In questa fase il papa riuscì ad appianare le distanze fra la Polonia e l'Impero. Inoltre aiutò quest'ultimo ad ottenere ulteriori truppe dagli elettori tedeschi che con riluttanza si apprestavano a sostenere l'imperatore contro i turchi. Ma il grande sogno di riunire tutta la cristianità sotto un'unica bandiera non poté essere conseguito. L'assenza del "cristianissimo" re Sole aveva impedito che molti altri stati, vittime dei giochi della diplomazia europea, inviassero soccorsi a Vienna.

Le forze dell'Impero

Come abbiamo visto l'Impero asburgico stava attraversando un particolare momento della sua esistenza. Mentre la minaccia turca si stava risvegliando dopo quasi vent'anni di inattività, le smisurate ambizioni di Luigi XIV obbligavano Vienna a vigilare sempre sui suoi confini occidentali. Per fronteggiare le varie minacce, era necessario pagare e aumentare il numero delle truppe a disposizione. Questo significava un costante impegno nella riscossione delle entrate in modo da poter aumentare il numero degli effettivi. La burocrazia della corona era riuscita con successo ad agire come uno stato moderno nella gestione della tassazione dell'Impero. Al termine della Guerra dei Trent'anni l'esercito stabile austriaco contava circa 25.000 soldati, nel 1664 arrivarono a 65.000, per poi raggiungere i 100.000 armati alla fine del secolo[18]. È stato osservato come ad un simile risultato organizzativo abbia influito positivamente la secolare lotta contro gli ottomani. Per quasi due secoli il pericolo turco era stato un pesante fardello per l'Impero, contribuendo però in modo essenziale allo sviluppo della sua amministrazione. Le imposte per sovvenzionare la difesa contro i turchi divennero il motore di un moderno sistema fiscale[19].

Oltre alle truppe mobilitate direttamente dai territori asburgici, Leopoldo poteva chiamare in aiuto ogni altro principato che facesse parte dell'Impero. Il Sacro Romano Impero era ancora frammentato in una serie infinita di stati sovrani (circa 300), che facevano parte di un unico grande organismo. Richiedere truppe da questi significava entrare nel guazzabuglio di problemi dinastici, diplomatici ed economici che ogni corte tedesca celava. Gli inviati di Vienna, a partire dal 1681, partirono dunque alla ricerca di alleati in grado di fornire una reale forza militare in appoggio a Leopoldo. A complicare i fatti vi era la presenza incessante dei dignitari del re di Francia che tentavano a tutti i costi di fermare ogni possibile unione fra Leopoldo e i maggiori elettori tedeschi.

---

[18] Cfr. C. INGRAO, *The Habsburg Monarchy*. 1618-1815, Cambridge University Press, New York, 1994, p. 59.
[19] Cfr. H. SCHILLING, *Ascesa e crisi. La Germania dal 1517 al 1648*, Il Mulino, Bologna, 1988, pp. 25-26.

La Francia poteva offrire molto denaro ai principi della Germania e la sua aggressività, protrattasi fino allo scoppio della guerra con la Sublime Porta, impedì lo spostamento di truppe da alcuni principati occidentali.

Per questi motivi i funzionari di Leopoldo preferirono concentrare i loro sforzi su chi aveva maggiori interessi affinché Vienna fosse salvata. Un insieme di motivazioni politiche ed economiche convinsero alcuni fra i più importanti principi tedeschi a fornire uomini all'imperatore, ma fu soprattutto il timore dell'avanzata musulmana a mettere in moto la macchina da guerra imperiale. A dare il sostegno maggiore furono infatti i principati di Baviera, Franconia e Svevia che, di fronte alla caduta Vienna, si sarebbero trovati come prossime vittime dell'aggressione ottomana. Si unì anche il nuovo elettore Giovanni Giorgio III di Sassonia, desideroso di mostrare le sue doti militari sul campo in aiuto degli imperiali.

Rivolgendo il suo sguardo agli alleati tedeschi, l'imperatore si trovava dinanzi ottimi eserciti forgiati da trent'anni di lotte ininterrotte fino alla pace di Westfalia nel 1648. Gli eserciti degli elettori di Sassonia, Baviera e Brandeburgo[20] erano la quintessenza dell'organizzazione militare nell'Europa del Seicen-

---

[20] Vienna tentò di negoziare un aiuto dal Brandeburgo nonostante si trovasse geograficamente lontano dai pericoli ottomani. Il Brandeburgo, con i suoi 30.000 effettivi, rappresentava all'epoca il miglior esercito in Germania.

to. Altri stati tedeschi più piccoli possedevano forze meno numerose ma comunque di ottima qualità ed esperienza. Il corso di queste trattative, comunque, si protrasse fino all'inizio della campagna ottomana e il sostegno degli elettori a Leopoldo fu certo solo quando ormai l'assedio di Vienna stava diventando realtà. Prima che si potesse formare un esercito di liberazione, a fronteggiare i turchi, vi fu il solo esercito degli Asburgo.

All'epoca dell'assedio di Vienna si potevano contare poco più di 300 compagnie di soldati sparse per tutto l'Impero, secondo i calcoli del quartiermastro generale Haslingen. Calcolando il numero di soldati per ogni compagnia (circa 200 fanti e 80 cavalieri), più cospicui complementi, la cifra proposta da Stoye è quella di 44.800 fanti e 17.600 cavalieri[21]. Una cifra approssimativa, poiché anche il numero dei soldati effettivi doveva essere inferiore, ma rende bene l'idea della quantità di forze che gli Asburgo potevano schierare. La maggior parte di queste truppe erano stanziate in posizioni strategiche ad occidente, pronte a fronteggiare l'indomito esercito di Luigi XIV.

Con l'avvicinarsi della minaccia turca, il problema da discutere per i consiglieri viennesi era quale fosse il numero adeguato di forze da ridisporre in

---

[21] Cfr. J. STOYE, *cit.*, p. 107.

Ungheria al fine di fronteggiare l'avanzata ottomana. A tal fine il consiglio di guerra ordinò a 7.500 uomini di abbandonare il confine occidentale per spostarsi vicino Presburgo. Al momento opportuno altri 5.000 uomini provenienti dai nuovi reggimenti si sarebbero aggiunti all'esercito. Verso i primi di maggio, con un errore di calcolo sui tempi che avrebbe potuto migliorare la preparazione delle difese della frontiera, una grande armata austriaca si stava concentrando nel villaggio di Kittsee, nei pressi di Presburgo. Al termine delle manovre vennero radunati con fatica circa 32.000 uomini, 21 mila fanti e 10.800 fra cavalieri e dragoni, di cui il duca di Lorena avrebbe preso il comando[22].

Intanto, una delle migliori decisioni prese da Leopoldo era stata appunto quella di nominare, il 3 maggio 1683, il duca di Lorena come comandante supremo dell'esercito imperiale. La carica era rimasta vacante sin dal 1681, quando il grande condottiero Raimondo Montecuccoli era venuto a mancare. Il duca era già un veterano della campagna contro i turchi del 1664 e si era distinto agli occhi di Leopoldo nelle guerre contro Luigi XIV. Carlo di Lorena aveva tentato senza successo per ben due volte di farsi eleggere re di Polonia e dal 1682 si era trasferito ad Innsbruck, con la sua corte, per governare la regione

---

[22] *Ivi*, p. 109.

del Tirolo per conto di Leopoldo[23]. Con una solenne parata di fronte al sovrano, il 6 maggio, iniziò dunque la campagna austriaca che si distinse per la fallimentare gestione dell'impresa a causa soprattutto di una paralisi direzionale ai vertici di comando. Il duca di Lorena aveva infatti numerosi avversari che non avevano gradito la sua nuova carica. Tanto fra i nobili che fra i principali generali, il partito di Carlo di Lorena non era abbastanza forte da metterlo al riparo dagli intrighi. Un suo fallimento come comandante era auspicato da molti nemici personali all'interno della corte viennese. Fu così che i suoi avversari resero difficile la scelta e l'attuazione della strategia.

Per il duca la cosa più saggia sarebbe stata attaccare preventivamente una piazzaforte ottomana poco oltre il confine, conquistarla ed obbligare così i turchi a perdere tempo prezioso nella riconquista dei loro territori per poi farli cedere all'approssimarsi dell'autunno. Tuttavia una parte degli ufficiali non era d'accordo con il duca di Lorena e avrebbero preferito adottare una tattica più difensiva. Nei giorni fra giugno e luglio la discordia non permise al comando di agire tempestivamente mentre le avanguardie e le spie tentavano di capire le reali intenzioni dei turchi. Alla fine il duca si risolse a trincerare l'esercito nei

---

[23]   Cfr. A. WHEATCROFT, *The enemy at the gate. Habsburg, Ottomans and the battle for Europe*, Basic Books, New York, 2009, p. 104.

pressi della fortezza di Gyor, in attesa del nemico che intanto stava marciando verso quella cittadina ungherese, adagiata sul fiume Saba.

Il 1° luglio si mostrò in tutta la sua grandezza l'incubo ottomano. Forse un centinaio di migliaia di uomini guardavano dall'altra parte del fiume il "piccolo" esercito asburgico. Dalle posizioni austriache iniziò il cannoneggiamento, ma fu chiaro che il nemico fosse molto superiore agli imperiali. L'ordine di distruggere i ponti non fu completamente eseguito e persino diversi guadi non erano stati adeguatamente presidiati. Così che, in poco tempo, le avanguardie ottomane che li avevano attraversati erano già in vantaggio numerico, garantendo una salda testa di ponte[24]. Gyor non era più difendibile. L'unica salvezza fu dunque una ritirata mantenendo nella fortezza un piccolo presidio. Lo scenario peggiore, però, si palesò quando le truppe ottomane evitarono di assediare Gyor iniziando a proseguire. Le speranze di inchiodare l'esercito del sultano alla frontiera stavano svanendo precipitosamente. Intanto era diventato impossibile arginare le devastazioni dei tartari nella zona. Il 7 luglio tutto mutò drasticamente: dopo un'ulteriore avanzata nemica, fu chiaro che l'intenzione di Kara Mustafa era una sola: conquistare Vienna.

---

[24] Cfr. J. STOYE, *cit.*, pp. 113-116.

Al duca di Lorena non rimase che ritirarsi lasciando una cospicua forza a difesa della capitale, mentre il comando della guarnigione venne affidato al conte Rudiger Von Starhemberg. Si profilava una lunga attesa per i rinforzi che gli altri stati europei dovevano inviare in modo da formare un esercito in grado di fronteggiare i turchi.

A questo punto l'enorme pericolo rese più facile stringere accordi per inviare truppe di soccorso. Il primo a muoversi fu Massimo Emanuele, elettore di Baviera. Il 6 agosto mobilitò più di 11.000 soldati, inclusi 5 reggimenti di fanteria. I principati della Franconia e della Svevia, dopo alcune difficoltà nelle trattative con Vienna, misero insieme 6.000 fanti e 2.000 soldati a cavallo. L'ultimo ad unirsi era sicuramente uno dei migliori eserciti tedeschi. Guidato in persona dall'elettore di Sassonia Giovanni Giorgio, era composto da 8.000 moschettieri, 2.000 cavalieri e possedeva una fra le artiglierie da campagna più rinomate d'Europa. Verso la fine di agosto si stavano muovendo attraverso la Boemia, verso le pianure a nord del Danubio[25]. Con l'eccezione della Baviera, gli stati tedeschi che alla fine si misero a disposizione di Vienna volevano essere pagati dall'imperatore per il loro servizio. Le casse di Leopoldo erano già in grave crisi e fu provvidenziale il finanziamento del papa per poter armare i tedeschi. La tesoreria di Vien-

---

[25] Cfr. A. Wheatcroft, *cit.*, p. 165.

na non si fece scrupoli nell'attingere ai soldi messi a disposizione da Innocenzo XI purché venissero utilizzati per combattere i turchi[26].

L'esercito polacco-lituano

Molto diverso era invece il sistema di reclutamento della Confederazione Polacco-Lituana, nonché il modo di combattere delle truppe di questa nazione. Si pensi in proposito che, durante i primi decenni del '600, le abilità e la maniera di combattere dei polacchi avevano stupito il noto condottiero e re di Svezia, Gustavo Adolfo, che ritenne opportuno rinunciare alla guerra contro la Confederazione dopo alcuni anni di scontri (1626-29).

Nel periodo di pace esisteva una piccola unità militare permanente (formata da circa 3000-5000 componenti) che doveva controllare il confine a sud-est e prevenire eventuali incursioni nemiche. A partire dal 1652 questo strumento si rivelò inefficace e venne così sostituito da un sistema più generico chiamato *Komput* (ovvero un esercito che può essere calcolato) che aveva una base a livello territoriale di reclutamento e che in tempo di guerra poteva agilmente essere aumentato con dei rinforzi direttamente nella sua struttura.

---

[26] *Ivi*, p. 166.

Nei periodi di guerra questo esercito poteva ingrossare le sue fila notevolmente con soldati stipendiati, anche se i *Sejm* (Diete dei nobili) nel secolo XVII si mostravano spesso riluttanti ad acconsentire ulteriori tassazioni.

Altre forze permanenti in Polonia erano i soldati disposti nelle varie guarnigioni nonché la Guardia Reale che era, a tutti gli effetti, un piccolo esercito privato del sovrano. Una leva di contadini (*Wybraniecka*) poteva essere raccolta nei feudi reali per fornire una forza semi-permanente a costi contenuti per le finanze dello stato. A partire dal XVII secolo, ai *Wybraniecka* si affiancarono i *Dymowe* e i *Lanowe* che venivano raccolti in modo analogo e formavano un tipo di contributo tassa-uomo, in cui a ogni terreno, o proprietà corrispondeva un numero di armati che si dovevano fornire. Dalle città i soldati andavano ad ingrossare le file della fanteria, mentre dalle campagne, dove il possesso di cavalcature era più frequente, giungevano armati a cavallo[27].

Il comandante supremo dell'esercito della Confederazione era il monarca in persona, che nominava a vita il Grande Atamano della Corona e l'Atamano di Campo della Corona (simili ruoli erano presenti anche nell'esercito lituano). L'Atamano di Campo

---

[27] Cfr. R. BRZEZINSKI, A. McBRIDE, *Polish armies 1569-1996* in "*Men-at-arms Series*", Londra, Osprey Publishing, 1991. pp. 10-12.

era solo di poco inferiore al Grande Atamano, e principalmente si occupava di controllare l'esercito permanente.

L'esercito si divideva in due grandi strutture (*Autorament*): uno di combattenti reclutati fra soldati stranieri (prevalentemente tedeschi), ed uno di soldati polacchi. In quest'ultimo gruppo i cavalieri avevano mantenuto una suddivisione degli armati di tipo feudale. L'unità polacca più piccola era chiamata "*poczet*" (la tipica posta medioevale) composta da un *towarzysz* (cavaliere-compagno letteralmente) e da 1 a 24 *pacholeks* (scudieri): ciò dipendeva dal rango e dalla ricchezza del cavaliere. Durante il primo periodo di esistenza degli ussari polacchi, gli scudieri erano mediamente quattro per cavaliere, per poi attestarsi intorno i due ai tempi della battaglia di Vienna.

La cavalleria era senza dubbio il cuore dell'esercito. I polacchi, abituati negli ultimi decenni a combattere contro formazioni nemiche estremamente mobili, come cavalieri tartari e Spahi ottomani, si erano adattati al modo di far guerra dei popoli dell'Est. Inoltre, la conformazione fisica del territorio e l'altissima percentuale di nobili sul totale della popolazione garantirono il ruolo egemonico della cavalleria nei secoli XVI-XVII. Infatti, nell'esercito polacco è stato dimostrato che la cavalleria corrispondesse al 60% degli effettivi durante il periodo 1648-1715. Questa percentuale era significativamente superiore a quella degli eserciti turco e svedese (40%) nonché, ovviamente, a quella degli altri eserciti occidentali del tempo, dove mediamente poteva raggiungere la consistenza di un terzo di tutte le forze armate[28].

Il fiore all'occhiello dell'esercito polacco erano i famosi Ussari alati (*Husaria*). Questa temutissima unità di cavalleria pesante era già allora molto nota per la sua potenza ed efficacia in tutta Europa, suscitando ammirazione fra i contemporanei. La sua origine si pensa che risalga agli ussari serbi che avevano combattuto per i polacchi nel corso del '400. In principio si trattava di un'unità leggera, poiché il ruolo della cavalleria pesante polacca era inquadrato nel modello feudale tipico degli altri paesi del continente. A partire dalla fine del XVI secolo gli Ussari cominciarono lentamente ad appesantirsi per divenire un'efficace forza d'urto, completando del tutto questa trasformazione alla fine del '600. Le teorie e le leggende sull'utilizzo delle ali si sprecano, ma oramai è presumibile che servissero a spaventare tanto il nemico quanto soprattutto i suoi cavalli. Il fragore delle ali, fatte con piume appoggiate ad assi di legno inserite sul retro dell'armatura, doveva infastidire il nemico, mentre insieme ai pesanti mantelli di pelliccia indossati dagli Ussari, la figura che veniva a crearsi doveva sembrare un'unica grande creatura, tanto da spaventare visualmente i cavalli degli av-

---

[28] Non è chiaro come i dragoni fossero stimati. I polacchi consideravano generalmente i dragoni come fanteria. (Cfr. D. CHANDLER, *The Art of Warfare in the Age of Marlbourough*, Hippocrene Books inc., New York, 1986, p. 80).

versari. L'arma principale degli Ussari era una lunga lancia, usata insieme a due spade: una sciabola e una spada lunga riposta sulla sella del cavallo. Era inoltre richiesto che portassero due pistole sempre sulla sella. I cavalli polacchi, frutto dello studio di incroci e di ottime abilità di addestramento, erano all'epoca fra i migliori d'Europa per l'utilizzo bellico[29].

Mentre la cavalleria nei paesi occidentali aveva perso la sua importanza come arma d'impatto, per combattere invece ai lati degli schieramenti, o agire con funzioni di schermaglia, i potenti Ussari polacchi erano stati pensati per sfruttare la loro potentissima forza d'urto. Contro le formazioni di moschettieri europei si sarebbero presto rivelati inefficaci, mentre negli scontri tipici dell'area dell'Est Europa questa unità si dimostrò particolarmente utile per rompere le difese di fanterie con scarsa potenza di fuoco, avendo lance più lunghe dei fanti, o per travolgere altre unità di cavalleria come gli Spahi ottomani.

Ovviamente era estremamente costoso armare un cavaliere di questo tipo. A diventare Ussari erano ricchi nobili che, tanto nella vita civile quanto in battaglia, indossavano lussuosi e variegati ornamenti. Non vi era infatti una regola per l'abbigliamento e spesso si poteva assistere a gare di sfarzo nel vestiario di questi cavalieri. Nella seconda metà del '600 il

---

[29] Cfr. R. BRZEZINSKI, *cit.*, pag. 16.

numero degli Ussari che la Confederazione poteva schierare variava dai 1.000 ai 4.000, dal 5 al 20% del totale della cavalleria polacca[30].

Infine, l'esercito lituano differiva leggermente nel vestiario e nell'organizzazione rispetto a quello polacco. Secondo il *Komput* il Granducato di Lituania doveva mettere in campo un esercito composto da un terzo fino alla metà di quello della Corona polacca. Quando ai tempi della campagna di Vienna si pensò di innalzare il numero dei soldati a 36.000, i lituani dovevano soltanto fornire 12.000 uomini[31]. Come detto, i *Sjem* erano sempre molto riluttanti nel fornire nuovi fondi da investire per il mantenimento dell'esercito. Verso la fine del XVII secolo la Confederazione spendeva circa il 90% dei propri fondi per la difesa (che è stato calcolato in circa 12 milioni di Sloti annui), mentre negli altri stati si aggirava intorno al 50-70%. Per fare un paragone, in quel periodo la Francia spendeva 360 milioni di Sloti all'anno, l'Inghilterra 240, la Turchia 180 e la Svezia 23 milioni[32].

L'accordo con Leopoldo era stato siglato formalmente in aprile e adesso il difficile compito di Sobieski era diventato quello di armare una considerevole forza polacca per poter essere in grado di agire

---

[30] *Ibidem.*

[31] *Ivi,* pp. 22-23.

[32] Cfr. A. P. BRAINARD, *cit.,* p. 75.

in estate. Si cominciò dunque ad accrescere il numero dei soldati. Ma, visti gli scarsi risultati, alla fine di giugno, le difficoltà croniche della Polonia in questo senso arrivarono a far pensare al nunzio papale Pallavicini che un immediato attacco nemico fosse l'unico modo per accelerare la costituzione dell'esercito[33]. Ad inizio luglio, l'ambigua attività degli ungheresi di Thokoloj, convinse il re a spostare 7.000 uomini al comando dell'atamano Sieniawski in direzione ovest. Il 15 luglio, nella sua reggia di Varsavia, il re ricevette un inviato da Vienna che affermava che i turchi avevano varcato il confine e che stavano puntando verso la capitale dell'Impero. Dapprima Sobieski fu vago, poi, conscio del pericolo, ordinò che i 7 mila di Sieniawski partissero immediatamente per andare ad ingrossare l'esercito del duca di Lorena. Intanto, il 18 luglio il re lasciava Varsavia per trasferirsi con tutta la corte a Cracovia, dove arrivarono il 29. Il ritmo lento di marcia era giustificato dal bisogno di avere il tempo necessario per raccogliere un esercito dalle adeguate dimensioni, ma serviva anche per visitare il santuario della Madonna di Częstochowa, oggi come allora il massimo santuario polacco, nonché simbolo della forza in armi del popolo contro ogni minaccia.

Il 20 luglio Sobieski riceveva una lettera dal duca di Lorena che lo informava ufficialmente che Vienna si trovava sotto assedio, che l'esercito asbur-

---

[33] Cfr. J. STOYE, *cit.*, p. 183.

gico era tagliato fuori e che la corte imperiale si era trasferita a Passau. Inoltrava in questa i dettagli sulle posizioni dei turchi e dei ponti nell'area. Per il re la situazione si faceva assai complessa. Certamente doveva soccorrere Vienna come da accordi, ma anche il suo dovere di cristiano gli imponeva di salvare la città. Altri problemi lo attanagliavano però. Con un esercito ancora poco numeroso rischiava di mettere a repentaglio l'onore della Confederazione e la sua dignità di re[34].

Il sovrano doveva attendere che si radunassero forze adeguate prima di marciare su Vienna. Sobieski si fermò, in attesa, a Cracovia dal 29 luglio al 10 agosto. Qui venne raggiunto dall'Atamano di campo Sieniawksi e dall'atamano della corona Jablonowski. Quando il re lasciò Cracovia non aveva con sé più di 16.000 soldati, ma è certo che questo numero si sia ingrossato durante la marcia[35]. Intano il duca di Lorena chiedeva con insistenza che fossero mandate il prima possibile le forze di Sieniawski in suo aiuto. Sobieski, al contrario, volendo potersi presentare all'altezza del comando supremo delle truppe cristiane, aveva ormai deciso di mantenere il controllo completo del suo esercito e ciò significava rallentare la marcia per mantenere il contatto fra il corpo centrale e l'avanguardia. Il 31 agosto,

---

[34] *Ivi*, p. 190.
[35] *Ibidem.*

finalmente, Sobieski e il duca, un tempo candidato
al trono polacco, si incontrarono. I due comandanti
ispezionarono le truppe presenti ed insieme ad altri
ufficiali iniziarono le cerimonie di presentazione a
cui seguirono le consultazioni sulle prossime azioni
da intraprendere[36].

---

[36] Cfr. M. DALÉRAC, *Polish manuscripts: or, the Secret History of the reign of John Sobieski the III...*, Londra, Rhodes, 1700, p. 84.

CAPITOLO III

Assedio e liberazione di Vienna

La capitale assediata

Il 14 luglio Kara Mustafa raggiunse i sobborghi di Vienna mentre gli austriaci stavano ultimando i preparativi difensivi. Cercavano di bruciare e abbattere ogni edificio o parete vicino alle mura e alla controscarpa, in modo da eliminare possibili utili ripari agli assedianti.

Il visir, prima di avvicinarsi alla città, tenne un consiglio sull'organizzazione dell'assedio. Gli ufficiali e i genieri avevano già studiato la mappa di Vienna e ipotizzato un piano d'attacco, ora si trattava di formalizzare ogni azione. L'idea prescelta vedeva la possibilità di concentrarsi in un unico punto dove si sarebbe potuto fare breccia nelle fortificazioni, era il settore adiacente al palazzo imperiale, la Hofburg, situato nella parte sud-occidentale della città (Fig. 8). Qui il torrente Wien devia il suo naturale corso e vi era abbastanza spazio di manovra per costruire una rete di gallerie d'accesso alle mura nemiche. Il terreno favoriva i lavori di scavo e, poco più dietro, la presenza di un pendio costituiva un ottimo sito per l'artiglieria[1].Per comprendere meglio la fisionomia della città e delle opere d'assedio si è scelto in questa sede di ricorrere all'utilizzo di una fonte scritta coeva che include dettagliate mappe topografiche dell'epoca, nonché un diario giornaliero degli avvenimenti. L'autore, il cavaliere Giovanni Pietro Vaelckern, è stato un consigliere imperiale, nonché storiografo di corte che, trovandosi malato al momento della fuga di Leopoldo e dei cortigiani, fu costretto a rimanere nella Vienna assediata diventando un prezioso testimone dello straordinario evento[2].

Tornando alle operazioni ottomane, i turchi iniziarono subito il dispiegamento dell'enorme massa di uomini, cavalli e carri, mentre i viennesi osservavano

---

1 Cfr. J. STOYE, *cit.*, pp. 136-137.

2 La narrazione di Vaelckern, scritta in forma di diario giornaliero, copre un arco di tempo che va dal 6 maggio al 15 settembre 1683. Pubblicata nello stesso anno in lingua latina, una traduzione in lingua italiana venne stampata a Venezia l'anno successivo all'assedio. Nel presentare il testo l'autore richiama le sue conoscenze sulla materia militare ma afferma di aver confrontato i suoi appunti e ricordi con altri testimoni dell'assedio. Fra le numerose fonti cristiane che riguardano l'assedio di Vienna, il diario di Vaelckern è il resoconto più completo per un'analisi complessiva dell'evento (Cfr. J. P. VAELCKERN, si veda in Bibliografia).

con timore il drammatico spettacolo. Pian piano si ricreò, come nel 1529, un grande "oceano" di tende che quasi circondava la città, tanto da assumere, nella visione dei testimoni, la forma di una mezzaluna:

> Tutta la moltitudine si sparse all'intorno
> della Città in forma di una mezzaluna, cioè
> dalla riva del Danubio, dietro la Chiesa del
> S. Marco, e di Borghi di Vienna, e le Terre,
> e Ville poste fino a Nusdorf[3].

I punti più densi dell'accampamento ottomano circondavano la città a nord e a ovest. Mentre altri uomini, più lontani dalle difese cittadine, erano schierati nelle zone intorno alla fortezza. Il centro delle attività ottomane era a sud del bastione Burg; qui, a debita distanza, aveva piazzato il suo padiglione il gran visir.

In tempi rapidi prese forma uno spettacolo tanto maestoso quanto tremendo: un'intera città nemica, composta di tende, si stava ergendo di fronte a Vienna.

Secondo le consuetudini ottomane, Kara Mustafa inviò un messaggero a chiedere la resa della città. Tale richiesta venne seccamente respinta mentre i soldati di Starhemberg continuavano a murare le porte della città.

---

[3] *Ivi*, p. 19.

Dopo il primo assedio ottomano, nel corso del Cinquecento, un periodo di intermittente attività bellica aveva preparato Vienna ad un eventuale nuovo assedio. Anche se, poiché sembrava più urgente il mantenimento di una struttura difensiva sul confine ungherese, fu sempre difficile reperire fondi per una vera ristrutturazione delle difese cittadine. Secondo la scienza militare dell'epoca il nemico doveva essere tenuto il più lontano possibile dalle fortificazioni. Così venne sistemato lo "spalto", ovvero venne sgombrata e livellata una porzione di terreno di fronte alle principali strutture difensive per negare al nemico ogni riparo nei pressi delle fortificazioni. In aggiunta, era stato realizzato un camminamento coperto lungo il perimetro esterno del fossato (detto anche "controscarpa"). Nel corso del Seicento erano stati costruiti almeno 6 nuovi bastioni e alcuni rivellini: piccoli bastioni esterni collegati da ponti di legno alle mura principali. Così gli assalitori potevano essere bersagliati da ogni lato in caso di assalto[4]. Al 1680 sembra risalire l'ultima sistemazione delle opere di difesa, ma un osservatore qualsiasi poteva notare l'inadeguatezza di alcuni tratti delle mura[5]. In conclusione, precisato lo stato delle fortificazioni per gli standard europei dell'epoca, occorre dire che Vienna rimaneva comunque una formidabile fortezza per gli ottomani.

---

[4] Cfr. J. STOYE, *cit.*, pp. 57-61.
[5] *Ivi*, p. 62.

Il presidio ordinario della città di Vienna contava 1.200 soldati a cui si aggiunsero, a rinforzo, altre truppe, tanto da raggiungere il numero di 16.600 soldati schierati a difesa. Nel conteggio deve però essere considerato che ogni reggimento contava già alcune perdite e diversi uomini infermi, perciò un calcolo più realistico degli abili a combattere dovrebbe enumerare circa 10-12.000 uomini al comando di Starhemberg[6]. Inoltre, ammontavano a più di 3.000 i civili inquadrati nelle unità di milizia ma la loro scarsa abilità nel combattimento non li rendeva veri soldati, tutt'al più potevano aiutare nei gravosi compiti quotidiani delle riparazioni.

Il comandante della guarnigione non esitava a farsi vedere sul luogo dell'azione, esponendosi spesso a gravi pericoli. Il 15 luglio una cannonata turca, colpendo i camminamenti dei bastioni, fece schizzare dei frammenti che colpirono Starhemberg alla testa. Pur impaziente di tornare sul campo, il conte dovette stare tre giorni a riposo mentre l'assedio continuava[7].

L'obiettivo dei turchi fu chiaro ai difensori quasi subito. I bastioni della Burg e della Loebel e il rivellino posto nel mezzo rappresentavano l'area fortificata in cui gli ottomani intendevano far breccia. Gli abili uomini del sultano iniziarono presto i

---

[6] Cfr. J. P. VAELCKERN, *cit.,* p. 12.
[7] *Ivi*, p. 24.

lavori di scavo. Miravano a costruire trincee protette in modo da far avvicinare illesi i soldati da lanciare all'assalto. Dovevano poi essere realizzate vere e proprie gallerie sotterranee in grado di portare i minatori turchi direttamente sotto le mura, per innescare ordigni esplosivi.

Ben presto gli assedianti compresero la strategia ottomana e Starhemberg ordinò di spostare la maggior parte dei pezzi d'artiglieria vicino alla Hofburg. I difensori continuavano inoltre a costruire palizzate di legno sulla controscarpa.

Alla fuga dell'imperatore era seguita quella di molti altri viennesi. Ma ci viene anche testimoniato il coraggio e l'esempio di illustri abitanti della città e di alcuni esponenti della nobiltà austriaca che avevano deciso di rimanere per resistere e combattere. Si sa, ad esempio, che il conte Francesco Kieuenhiler, abile tiratore, si mise al comando di un'ottantina di cacciatori e, durante i primi giorni d'assedio, con il loro tiro precisissimo arrecarono gran danno ai genieri turchi che lavoravano nelle trincee di avvicinamento[8].

Entrambi gli schieramenti stavano preparando quanto fosse necessario per le lunghe settimane di scontri che si prospettavano. Nel campo di Kara Mustafa la tesoreria e un ufficio amministrativo si erano sistemati in prossimità del padiglione del gran visir. Doveva essere gestita l'enorme mole di materiale da

---

[8] *Ivi*, p. 14.

far pervenire dalle province imperiali per approvvigionare gli assedianti. Dentro Vienna chiudevano le scuole mentre restavano aperte le chiese ma, soprattutto, si provvedeva al denaro da distribuire alla soldatesca e si organizzavano i depositi di viveri e di materiali.

Poi accadde ciò che i viennesi temevano maggiormente. I turchi attaccarono la retroguardia del duca di Lorena schierata ad est della città e sull'isola di Leopolsdat sul Danubio (Fig. 9), scacciandoli definitivamente. Vennero lasciate forze abbastanza consistenti da impedire, quindi, ogni comunicazione con l'esterno. Vienna era circondata e per non si sa quanto tempo poteva contare solo sulle proprie forze per evitare di cadere nelle mani del nemico.

Fuori Vienna

Un altro tipo di guerra ancora più brutale si stava svolgendo all'esterno della città. I tartari e gli irregolari dell'esercito ottomano avevano iniziato razzie e saccheggi sin dal momento in cui avevano passato la frontiera. Il visir non aveva alcun controllo su di loro ed essi si dirigevano verso campagne e villaggi seguendo l'avanzare delle truppe. Bande di predoni erano piombate in Austria e in Ungheria catturando prigionieri e mettendo il territorio a ferro e fuoco. Fra questi, i razziatori magiari erano senza dubbio i più pericolosi. Ma le bande di Thokoloj si preoccupavano anche di conquistare la fiducia delle cittadine ungheresi, alcune delle quali giurarono loro fedeltà, mentre altre si dimostrarono fedeli all'imperatore. Ogni villaggio o feudo era abbandonato a sé stesso. Alcuni si accordarono con i turchi per non essere assaliti, altri vennero conquistati o saccheggiati. Solo alcuni centri fortificati, come alcune residenze nobiliari, riuscirono a resistere con efficacia. Il 7 luglio bande di irregolari raggiunsero il Wiener Wald, la catena collinare situata a pochi chilometri a nord-ovest di Vienna, incalzando Leopoldo e la sua corte in fuga verso Passau. Poi si spinsero ben oltre la capitale, arrivando a devastare le campagne fino a 100 chilometri oltre Vienna[9].

Durante le lunghe settimane in cui la capitale rimase stretta nella morsa ottomana la strategia austriaca fu sostanzialmente semplice. Impedire maggiori devastazioni nelle campagne e difendere le posizioni sulla riva sinistra del Danubio, affinché fossero radunate in sicurezza le truppe degli alleati di Leopoldo. Per questo scopo la cavalleria del duca di Lorena dovette spesso scontrarsi contro ottomani e magiari che tentavano di estendere la loro presenza nella regione. Soprattutto fu vitale la difesa della piazzaforte di Presburgo (l'odierna Bratislava) che, se pur aspramente contesa nei mesi dell'assedio, il duca di Lorena seppe sempre conservare, impedendo

---

⁹ Cfr. J. Stoye, *cit.*, pp. 157-159.

così agli alleati del sultano di invadere la regione settentrionale del Danubio.

A Passau, dove si era stabilita provvisoriamente la corte di Leopoldo, fervevano gli ultimi preparativi per assicurarsi l'alleanza dei principi cristiani contro la minaccia turca in Europa. Come abbiamo visto, il timore di un'avanzata ottomana nel cuore della cristianità spinse gli elettori tedeschi e il regno di Polonia a scendere in campo per salvare Vienna. A questi, alla fine, si unirono gruppi di volontari provenienti da tutta Europa ed alcuni reggimenti inviati da piccoli principati tedeschi. Ai funzionari di Leopoldo adesso interessava rendere più rapido l'assembramento di un esercito di liberazione prima che Vienna potesse cadere. Così, mentre le truppe del duca di Lorena, in totale inferiorità numerica, erano costrette ad aspettare rinforzi, decine di migliaia di armati, nei mesi di luglio e agosto, marciarono in direzione dell'alta Austria.

Quando i vari comandanti vennero a contatto fra loro fu approvato il piano messo a punto dai generali del duca di Lorena che prevedeva di concentrare tutte le forze a Tulln (circa 25 km da Vienna) e lì attraversare i ponti che i genieri stavano costruendo. Infatti, la città di Tulln – posta sulla riva destra del Danubio – era già presidiata dagli austriaci che avevano ricacciato i turchi dopo aspri combattimenti. Una volta attraversato il fiume le truppe avrebbero marciato direttamente verso Vienna attraverso le colline e poi sulle cime del Wiener Wald.

A partire dal 3 settembre vi furono incontri regolari fra i supremi comandanti. Essi approvarono subito la proposta del duca di Lorena, ma ancora non era stato deciso chi dovesse essere il comandante supremo dell'esercito cristiano. Sobieski, in qualità di unico re sul campo, era irremovibile nel richiedere tale carica per sé.

La permanenza dell'imperatore Leopoldo a Passau fu vivamente raccomandata. Se avesse seguito le truppe avrebbe messo a rischio la collaborazione fra i comandanti e impedito a Sobieski di procedere ad una celere avanzata. Anche Marco D'Aviano, che da pochi giorni aveva raggiunto le truppe e costantemente le incitava alla battaglia, intervenne per evitare inutili discussioni fra i principi europei. Infine fu deciso che il re polacco avrebbe guidato l'armata cristiana ma che ogni comandante sarebbe rimasto a capo del proprio contingente[10].

Quindi, fra il 6 e il 7 settembre i soldati attraversarono i ponti nell'area di Tulln e, al termine di lunghe operazioni, l'avanzata vera e propria cominciò il 9 settembre. L'11 settembre i soldati scalarono il monte Kahlemberg, la cima del Wiener Wald, ricacciando i pochissimi soldati turchi presenti sull'altura. Intanto padre Marco D'Aviano continuava la

---

[10] Cfr. T. M. BARKER, *cit.*, pp. 308-309.

sua corrispondenza con l'imperatore, elogiando il buon ordine e la concordia degli uomini dell'armata cristiana[11].

Mentre le colonne dell'esercito di soccorso si mettevano in marcia, occorre chiedersi cosa facesse Kara Mustafa per arginare questo possibile pericolo. Anzitutto il visir aveva sempre creduto di poter prendere Vienna con la forza, o imponendo la resa ai difensori in tempo assai più breve. Per questo impegnò quasi tutto il suo esercito di fronte alle mura della città, omettendo di fortificare la posizione turca nei dintorni della capitale. Anche quando fu chiaro che un esercito di liberazione si stava avvicinando, i turchi pensarono fino all'ultimo di poter prendere Vienna prima di doversi scontrare con il duca di Lorena. Dunque Kara Mustafa non si preoccupò di rinforzare le posizioni nei sobborghi viennesi, così come non ordinò la presenza di centri di osservazione sulle alture ad ovest di Vienna. La prima seria preoccupazione che proprio da quella parte sarebbero giunti i soccorsi divenne concreta il 4 settembre, quando un prigioniero catturato informò il visir della presenza di truppe cristiane sul Danubio. Pochi giorni prima dello scontro finale venne intrapresa qualche operazione per fortificare l'area occidentale di Vienna, dove ebbe luogo la battaglia, ma è significativo che

---

[11] Cfr J. STOYE, *cit.*, pp. 228-229.

non ne abbiamo che scarse notizie[12]. Inoltre, vi fu una totale mancanza di precauzione nel fortificare l'accampamento. Kara Mustafa non si diede alcuna pena di costruire neppure semplici barriere, mentre per i comandanti europei era diventata prassi comune la costruzione di due diverse opere d'assedio: una rivolta verso la fortezza e l'altra verso l'esterno, per difendersi dai possibili tentativi di soccorso[13].

Mentre il 9 settembre, afferma uno storico ottomano, un'ambasciata del khan dei tartari si recò presso Kara Mustafa. Fra quest'ultimo e il khan non correva buon sangue. In quell'occasione il comandante dei tartari era stato criticato per non essere intervenuto quando l'esercito di soccorso aveva attraversato il Danubio, poiché i tartari si trovavano a guardia delle zone a nord di Vienna. Alla vista del nemico che attraversava il fiume, allorché un imam gli chiedeva perché non stesse attaccando, sembra che il khan abbia detto:

> Che offesa ci hanno recato gli ottomani!
> Da come ci hanno trattato si vede che a noi
> danno tanto rispetto quanto agli infedeli di
> Valacchia e Moldavia [...] Ora scopriranno
> cosa vuol dire dover lottare senza i Tartari![14]

---

[12] Cfr. R. F. KREUTEL, *Kara Mustafa vor Wien. 1683 aus der Sicht türkischer Quellen*, Verlag Styria, Graz-Vienna-Colonia, 1982, p. 235 e seguenti.

[13] Cfr. G. PARKER, *cit.*, p. 226.

[14] La citazione è tratta dal resoconto dell'assedio di Vienna

Dentro la città

A partire dal giorno 15 del mese di luglio ebbe inizio una sostanziale routine giornaliera per assediati ed assedianti. Le opere di difesa aggiuntive erano state completate, mentre i turchi si trovavano ancora a circa 200 passi dalla controscarpa.

Gli ottomani stavano lavorando ad un ritmo frenetico per scavare trincee e cunicoli. E solo quando i cristiani poterono avvicinarsi alle trincee, una volta tolto l'assedio, si resero conto di quanto complesso fosse il sistema di gallerie messo in piedi dagli assedianti. I punti di avvicinamento partivano dal centro dello schieramento turco per poi diramarsi in tre grandi direttrici: due dirette verso i bastioni della Burg e della Loebel e una verso il rivellino posto in mezzo. Da queste una fitta rete di cunicoli li collegava ad altri accessi, con trincee parallele e perpendicolari alle direttrici dell'attacco (Fig. 10). Kara Mustafa, dalla sua ricca tenda, si era fatto aprire un passaggio per poter accedere direttamente ai camminamenti per le sue ispezioni quotidiane.

Le batterie turche martellavano incessantemente ogni giorno le fortificazioni della città ma con

---

scritto dallo storico ottomano Silahdar Findiklili Mehmed, che era stato al seguito delle truppe del sultano durante la campagna militare (Cfr. R. F. KREUTEL, *cit.*, p. 238).

scarsi risultati. Sarebbero stati necessari i grossissimi calibri ottomani per poter davvero danneggiare le mura di Vienna, ma non erano stati portati perché la strada nei Balcani non ne permetteva il trasporto. Mancavano del tutto a Buda, il quartier generale dei rifornimenti turchi in Europa occidentale. Perciò gli artiglieri del visir avevano a disposizione solo pezzi di piccolo e medio calibro, per l'esattezza circa 17 pezzi medi e 95 piccoli[15]. Gli ufficiali ottomani erano convinti che trincee e mine fossero l'arma vincente per prendere una città come Vienna, mentre l'artiglieria aveva solo lo scopo di infastidire i difensori.

Intanto dentro la città cresceva vertiginosamente il timore dei cittadini per le sorti dell'assedio, ma anche per i pericoli quotidiani che dovevano sopportare. In particolare si manifestava un'isteria collettiva, aggravata dalla convinzione che spie ottomane si trovassero all'interno della città e cercassero di sabotare le difese ricorrendo agli incendi. Il 15 luglio, la storia rischiò di essere riscritta allorché un incendio, scoppiato nella notte, stava per raggiungere un deposito e l'arsenale. Durante il trambusto seguito allo spegnimento, la folla inferocita si lanciò su un ragazzino, probabilmente estraneo al dolo, ma che aveva avuto la sfortuna di trovarsi lì senza che nessuno lo conoscesse. L'incendio cessò del tutto soltanto dopo un incessante lavoro dei cittadini che

---

[15] Cfr. J. STOYE, *cit.*, pp. 142-143.

per 3 giorni lavorarono con lena. I turchi, vedendo il fuoco, tentarono senza fortuna di attaccare quella zona, prossima alle mura. Inutile dire che se i depositi di munizioni fossero saltati in aria non solo, vista la vicinanza alle mura, avrebbero potuto produrre una breccia nelle fortificazioni ma senza le indispensabili riserve di armi e munizioni Vienna non avrebbe potuto resistere all'assedio[16].

Con il passare dei giorni Kara Mustafa si rese conto che gli attacchi con l'artiglieria non avrebbero granché indebolito le fortificazioni. Così ebbe inizio la seconda fase della strategia turca: la posa di mine. Attraverso gallerie, i lavoranti turchi cominciarono a scavare in profondità per raggiungere i basamenti delle fortificazioni, dove avrebbero fatto brillare cariche con l'obiettivo di aprire dei passaggi nelle mura. La prima mina turca esplose con successo il 23 luglio. La preoccupazione degli imperiali, di fronte a questa minaccia invisibile, cresceva sempre più. Vennero così costituiti gruppi di scavatori austriaci per controminare le gallerie turche. A questa pratica gli uomini di Starhemberg non erano molto preparati ma si impadronirono della tecnica, tanto che il 2 agosto, con grande soddisfazione, fecero esplodere la loro prima contromina[17].

---

[16] Cfr. J. P. VAELCKERN, *cit.,* pp. 22-23.
[17] Cfr. J. STOYE., *cit.* pp. 151-153.

Il 3 agosto l'assedio ebbe un'evoluzione. Dopo aver fatto detonare delle mine, col favore della notte i turchi cominciarono a penetrare nelle difese della controscarpa, trovandosi davanti alle trincee e alle palizzate nemiche. Cominciò così una nuova fase dell'assedio, con gli ottomani che ormai potevano attaccare il rivellino da entrambi i lati.

Una settimana dopo, il 12 agosto, la vita degli assediati venne nuovamente sconvolta. Una potentissima mina posizionata sotto il rivellino esplose «con tal strepito, che mezza Città tremò per la scossa»[18]. La deflagrazione produsse un ampissimo squarcio che permetteva a 50 attaccanti di procedere affiancati. Starhemberg vide i turchi piazzare 8 stendardi sul rivellino e ne seguirono dei combattimenti furiosi. A fine giornata tutti potevano vedere che gli ottomani controllavano parte del rivellino diroccato e non potevano esserne scacciati[19].

Il 25 agosto Starhemberg, dopo aver convocato i suoi alti ufficiali, tenne una grande riunione sul bastione della Loebel da dove potevano ben osservare i risultati ottenuti dai turchi durante la loro lenta avanzata. Il rivellino era ridotto in macerie e per di più rischiava di essere accerchiato. Venne perciò deciso di compiere una grande sortita per rallentare l'avanzata ottomana. I turchi vennero investiti dalle

---

[18] Cfr. J. P. Vaelckern, *cit.*, p. 41.
[19] Cfr. J. Stoye, *cit.*, p. 155.

squadre di assalto austriache che però una volta arrivate ai cannoni non ebbero modo di inchiodarli per metterli fuori uso. La tattica venne ripetuta nei giorni seguenti con alterni successi. I valorosi combattenti presenti sul rivellino dovettero cedere quando, il 2 settembre, i turchi lo circondarono del tutto[20].

Il pomeriggio del 4 settembre una forte esplosione causata da una mina investì il bastione della Burg e produsse un foro da cui era possibile entrare. I difensori si videro piombare addosso bombe, frecce e pietre scagliate dai turchi che intanto si erano riversati nella controscarpa dai numerosi cunicoli. Gli austriaci, riuscendo a serrare i ranghi, resistettero all'attacco e dopo due ore cessarono gli scontri. Circa 200 assediati e molti più turchi erano caduti. Kara Mustafa non era riuscito a creare un appoggio sul bastione, ma era diventato evidente che la città non era in grado di resistere all'infinito. Quella stessa notte:

> circa le 9 hore della sera furono di nuovo mandate in aria le Rocchette per avvisar il Duca (di Lorena) che non si doveva tardare più longo tempo col soccorso, poiché già il nemico era entrato nelle viscere della Piazza...[21]

---

[20] *Ivi*, pp. 216-217.
[21] Cfr. J. P. VAELCKERN, *cit.*, p. 58.

Il giorno 6 due mine e un altro assalto investirono il bastione della Loebel. Per un'altra ora le sorti della città furono incerte, ma ancora una volta gli assediati riuscirono a ricacciare i turchi. Con questi penetrati nel fossato e i due bastioni gravemente danneggiati, a Starhemberg apparve con chiarezza il piano del visir. Qualora gli ottomani fossero stati in grado di piazzare una carica in mezzo alle mura che collegavano i due bastioni, si sarebbe prodotto un foro così ampio da permettere finalmente un assalto in massa dei turchi che in nessun modo avrebbe potuto essere fermato. Oltre ai caduti la guarnigione era spossata dalle fatiche e dalla mancanza di cibo. In quel momento dell'assedio il conte poteva contare soltanto su circa 4 mila soldati ancora abili[22].

Anche i civili non stavano meglio. La mortalità dovuta alla dissenteria e alle febbri crebbe nel mese di agosto. I prezzi stavano aumentando, nonostante i numerosi editti emanati dalle autorità cittadine. Il pane cominciava a diventare immangiabile e la carne di manzo era stata sostituita da quella di gatto o di asino. Ma sembra che ancora nessuno morisse di fame a Vienna, tuttavia nella popolazione indebolita aumentava il tasso di mortalità per malattie. Inoltre le requisizioni di cibo da dare ai soldati non favorivano un clima di concordia fra gli assediati. Talvolta venivano compiute delle sortite fuori città per recuperare

---

[22] Cfr. J. STOYE, *cit.*, p. 219.

del bestiame e, nonostante il pericolo, tale attività si era rivelata più volte provvidenziale nei duri mesi dell'assedio. Non mancò nemmeno chi per necessità, sfruttando piccoli passaggi fra le mura, andava a commerciare con i turchi per ottenere qualcosa da mangiare.

12 settembre 1683

La mattina del 12 settembre era domenica. Sulla sommità del Kahlemberg padre Marco D'Aviano, in un'atmosfera solenne, tenne una messa propiziatoria per lo scontro imminente, mentre Giovanni Sobieski, vestito di nero "alla polacca", lo serviva in funzione di chierichetto[23].

Dopo aver osservato le mappe e valutato attentamente il terreno, il sovrano elaborò un piano d'attacco contro le posizioni degli assedianti. Sobieski quel giorno poteva disporre di circa 70 mila uomini[24]. Alle truppe austriache, comandate dal duca di Lorena, venne assegnata l'ala sinistra, ai sassoni, ai bavaresi e alle truppe degli altri principati tedeschi venne affidato il centro. Il contingente polacco, rinforzato da 4 reggimenti di fanteria tedeschi, doveva occupare l'ala destra dello schieramento.

---

[23] Cfr. J. W. Woś, *cit.,* pp. 29-30.
[24] *Ivi*, p. 28.

Quando divenne evidente che l'esercito di soccorso aveva attraversato il Danubio, Kara Mustafa si era preoccupato di distogliere 60 cannoni e 6 mila fanti dalle opere d'assedio insieme a 22 mila cavalieri, per un numero di circa 28.500 uomini, che presero parte alla battaglia. Un totale accresciuto, durante lo scontro, da un numero comunque non determinante di truppe regolari, nonché di ausiliari valacchi e moldavi. Mentre l'esercito di soccorso poteva contare almeno su un numero doppio sia di pezzi di artiglieria che di soldati[25].

Oltre alle truppe del sultano, a preoccupare Sobieski durante lo scontro era la presenza di un cospicuo contingente tartaro nelle file dell'esercito polacco. La pratica di inquadramento di cavalieri tartari nell'esercito della Confederazione era comune nel Seicento e la loro presenza è certificata a Vienna[26]. I tartari combatterono dunque contro i loro compagni musulmani. E poiché si poteva dubitare del loro comportamento in battaglia, Sobieski li dispose al centro dello schieramento, dove potevano essere ben controllati dalla cavalleria polacca. Nonostante le preoccupazioni dei comandanti essi si comportarono con lealtà, mantenendo il loro giuramento alla Confederazione e per questo, in seguito, vennero ricompensati con titoli nobiliari[27]. I tartari al servizio

---

[25] Cfr. J. STOYE, *cit.*, p. 232.

[26] Cfr. J. W. Woś, *cit.*, p. 29.

[27] Questo popolo che era rimasto come lascito dell'Orda d'o-

del visir, invece, recriminando numerose offese da parte Kara Mustafa, quel giorno non parteciparono attivamente alla battaglia[28].

Lo scontro ebbe finalmente inizio alle 5 del mattino, quando gli uomini del duca di Lorena vennero a contatto con le avanguardie turche. Il duca, in risposta, cominciò a mobilitare tutto il suo esercito dando così inizio alla battaglia vera e propria. Durante la mattina entrarono in azione anche i reggimenti degli elettori tedeschi, al centro della compagine. L'ala destra polacca invece doveva ancora completare il suo schieramento poiché il terreno di fronte a loro era assai impervio. I turchi intanto si erano trincerati in alcuni villaggi alle pendici del Wiener Wald e

ro in Lituania, aveva infatti goduto delle libertà di culto che la Confederazione Polacco-Lituana garantiva ai suoi abitanti. Potevano possedere territori e feudi in cambio della coscrizione di truppe per il Granducato durante la guerra, ma non potevano partecipare alle assemblee elettive e alle diete provinciali. In ogni villaggio tartaro era sempre presente una moschea e talvolta persino nelle città presso i loro insediamenti. Possedevano dunque quasi tutti i diritti dei nobili polacchi. A partire dall'inizio del secolo, complice la propaganda dei gesuiti, si tentò di diminuire i diritti civili dei tartari. La continua lealtà alla corona durante il Seicento, nonostante le costanti crisi polacche, permise loro, durante il regno di Sobieski, di ristabilire tutti i precedenti diritti (Cfr. L. BOHDANOWICZ, *The Polish Tartars.* in *Man,* vol. 44, 1944, pp. 117, JSTOR (www.jstor.org/stable/2791853).

[28] Cfr. R. F. KREUTEL, *cit.*, p. 190.

da lì cercavano di bersagliare i soldati cristiani che scendevano le colline.

Questa gigantesca battaglia fu più che altro una confusa serie di scontri distinti fra i distaccamenti che venivano a contatto, poiché boschi, terrapieni e crinali impedivano un'avanzata omogenea dei soldati. Proseguendo la loro marcia le truppe cristiane facevano avanzare la loro formidabile artiglieria da campagna per bersagliare i turchi. Il centro della difesa ottomana era situato presso l'abitato di Turkenschaz[29], dove erano presenti alcune batterie. Agli occhi di un osservatore ottomano, il gran cerimoniere del visir, l'avanzata dei nemici: «Era come [...] un'onda nera di distruzione che scendeva dalla montagna, schiacciando e bruciando tutto ciò che gli si poneva di fronte[30]».

Verso mezzogiorno vi fu una pausa dei combattimenti. L'esercito di liberazione aveva cacciato gli ottomani da alcuni villaggi, spingendosi progressivamente verso est, ovvero verso le mura di Vienna; ma l'esito dello scontro rimaneva ancora incerto.

Il re polacco stava intanto completando il dispiegamento sull'ala destra. L'armata era disposta su tre colonne: a destra Jablonowski, a sinistra gli

---

[29] Tale nome è rimasto appunto come toponimo a ricordo dell'evento bellico. Oggi in questa località della periferia viennese è possibile imbattersi nel Türkenschanzpark.
[30] Cfr. R. F. Kreutel, *cit.*, p. 189.

uomini di Sieniawski e, a guidare il contingente centrale, il re in persona. In quel momento l'esercito polacco era composto da circa 3 mila Ussari e altri 10 mila cavalieri[31]. Un piccolo contingente di fanteria polacca, i già citati reggimenti tedeschi e qualche cannone seguivano la loro avanzata. Verso le tre del pomeriggio il dispiegamento poteva dirsi completato. Un'ora dopo Sobieski ordinò a circa 120 Ussari alati e ad altri cavalieri di caricare il centro dei turchi per saggiarne la resistenza[32]. Gli Ussari caricarono il folto schieramento nemico e pochi di essi tornarono ai punti di partenza, ma l'impatto aveva causato la preoccupazione turca e l'esperimento venne ritenuto riuscito.

Verso le quattro del pomeriggio si prospettò per il sovrano una decisione fondamentale. Durante l'avvicinamento il contingente polacco aveva dovuto attraversare un terreno impervio, fatto di boschi e vigneti, che ne avevano rallentato la marcia. Infatti, i preparativi per raggiungere il fianco destro erano durati quasi tutta la giornata e non era impensabile attendere il giorno successivo per la battaglia definitiva. Ora Sobieski, guardando verso sinistra, vedeva bene che i turchi cominciavano a cedere terreno di fronte all'avanzata degli imperiali e dei tedeschi. E di fronte a sé poteva vedere che il grosso dell'esercito

---

[31] Cfr. A. WHEATCROFT, *cit.*, p. 185.
[32] *Ibidem.*

nemico si stava schierando proprio davanti all'armata polacca preparandosi ad una nuova fase della battaglia. Kara Mustafa, infatti, aveva ordinato di fortificare la sua ala sinistra appena aveva intravisto i polacchi avvicinarsi, ma tale schieramento era anche frutto della pressione di austriaci e tedeschi che avevano costretto le truppe ottomane a ripiegare da nord verso sud (Fig. 11).

A questo punto l'acuta vista militare fece capire al comandante che una carica della cavalleria polacca avrebbe potuto rompere la resistenza turca. È bene considerare che di fronte ai successi dei tedeschi, anche l'orgoglio personale possa avere spinto il sovrano ad azioni più ardite. Alle cinque ordinò dunque di avanzare verso il campo nemico. La poca fanteria polacca marciava insieme con i cannoni che sparavano sui nemici. Il re si trovava in prima linea con la cavalleria e, uscendo da una zona di vigneti, incrociò una prima volta le spade con gli schermagliatori turchi mettendoli in fuga. A questo punto ordinò alla cavalleria di assumere la formazione d'attacco da lui ideata, con davanti blocchi compatti di Ussari, mentre dietro, a circa cento passi, seguivano le altre un'unità a cavallo. Il re si trovava al centro.

Il visir, che dapprima seguiva lo sviluppo dello scontro al centro del suo schieramento, si spostò verso il suo accampamento per organizzare la difesa di quel lato che stava per essere minacciato dai polacchi. Egli, insieme al sacro stendardo del profeta, si portò avanti con le sue truppe a sostegno della sua ala sinistra. Quando Sobieski ordinò l'attacco, le truppe del visir non poterono reggere l'urto devastante della carica dei cavalieri polacchi e moltissimi soldati del sultano caddero uccisi. A seguito della carica, i soldati di Kara Mustafa persero ogni slancio e si diedero ad un'ignominiosa fuga[33]. Il visir, prima di abbandonare il campo, tornò nel suo padiglione dove, radunato il suo tesoro e messo in salvo il sacro stendardo, insieme alla sua guardia personale, si allontanò definitivamente da Vienna per fuggire in direzione di Belgrado.

La mancanza di una salda struttura di comando nell'esercito turco è confermata dagli storici contemporanei ottomani. Kara Mustafa era stato estremamente negligente nel motivare i suoi soldati quando questi, durante i mesi dell'assedio, erano stati vicini ad un successo senza precedenti. Il morale dell'esercito si era abbassato in maniera evidente senza che il visir si impegnasse nel mantenerlo vivo e ciò aveva impedito che le sue truppe combattessero efficacemente contro l'esercito di liberazione[34].

Sobieski, non fidandosi dei turchi, attese nel campo nemico e ordinò ai suoi cavalieri di cessare di inseguire i nemici in fuga. Temeva qualche trappola da parte degli ottomani, ma non accadde niente e

---

[33] Cfr. T. M. BARKER, *cit*. pp. 330-334.
[34] Cfr. R. MURPHEY, *cit.*, pp. 136-137.

verso le dieci di sera la battaglia poté considerarsi conclusa. Secondo le statistiche cristiane[35], i caduti sul campo furono: circa 2.000 tedeschi, 1.300 polacchi e 15.000 turchi.

A seguito della poderosa avanzata della cavalleria polacca, Sobieski e i suoi soldati furono i primi ad entrare al centro dell'accampamento ottomano. Il sovrano si diresse verso la grande tenda appena abbandonata da Kara Mustafa dove «Il Re di Polonia hebbe la maggior parte del bagaglio del Vizir […] e entrò nel padiglione del medesimo Primo Vizir dove prese riposo quella notte»[36]. Qui poté riposarsi e, come era solito fare nei momenti importanti della sua vita, scrisse una lettera alla regina Marysienka:

> Il nostro Dio ha dato una simil vittoria e gloria alla nostra nazione di cui nei secoli scorsi non si è mai sentito [...] Il Vezir è scappato da tutte le cose su un cavallo e con un abito, così velocemente che quasi non si sarebbe portato nemmeno queste due cose. Io sono diventato il suo successore, e dopo di lui ho preso possesso di cose splendide. E ce l'ho fatta a prendere queste cose perché mi trovavo di fronte al suo accampamento e subito andandogli dietro l'ho inseguito. E perché uno dei suoi servi ci ha mostrato le

---

[35] Cfr. J. W. Woś, *cit.*, pp. 30-31.
[36] Cfr. J. P. Vaelckern, *cit.*, p. 70.

sue tende, grandi come Varsavia o Leopoli dentro le mura. [...] Anima mia, non mi dirai così, come sono solite dire ai loro mariti le mogli tartare: "non sei un vero guerriero se torni senza bottino", perché quello che prende i tesori vuol dire che per forza si trovava davanti a tutti [...] Io faccio calcoli, senza contare i Tartari, di 300 mila di tutti i nemici, altri dicono 300 mila solo le tende – e dicono 3 persone a tenda – ma così si arriva a un numero incredibile. Io direi però almeno 100 mila tende, visto che ci sono più accampamenti [...] e so che tutta questa (città di tende) non si potrà spogliare (delle ricchezze) in meno di una settimana. [...] Padre D'Aviano, che non mi poteva baciare abbastanza, dice di aver visto una colomba bianca volare sopra il nostro esercito[37].

---

[37] Continuazione della lettera del 13 settembre 1683, da Sobieski alla moglie Marysienka. La traduzione è mia (Cfr. Biblioteka Literatury Polskiej w internecie, http://literat.ug.edu.pl/).

CONCLUSIONI

La notizia della liberazione di Vienna dall'assedio turco ebbe eco in tutta Europa, e fu accolta con un sospiro di sollievo da parte di tutti i cristiani del continente. Gazzette e panegirici che avevano per argomento l'assedio iniziarono presto a circolare in ogni luogo e Sobieski divenne, nell'immaginario collettivo, un eroico salvatore e difensore della cristianità.

In seguito, la costituzione di una Lega Santa (1684), voluta fortemente da Innocenzo III e composta dall'Impero Asburgico, dalla Polonia e dalla Repubblica di Venezia, diede inizio ad un lungo periodo di guerre, con l'obiettivo di strappare agli ottomani i territori che essi occupavano in Europa. Le ostilità terminarono solo nel 1699, quanto venne stipulato il trattato di Karlowitz. Con esso l'Ungheria venne consegnata definitivamente all'Austria. Mentre per la Confederazione, stremata alla fine del secolo dai conflitti e dalle discordie interne, escludendo la restituzione della Podolia, non vi furono ulteriori benefici.

La sconfitta riportata dagli ottomani a Vienna fu schiacciante sotto tutti i punti di vista. La ritirata disorganizzata e l'abbandono di tutto il materiale nel vasto campo di fronte alla città annientarono ogni possibilità offensiva turca nei mesi a seguire. Kara Mustafa, senza tentare di sfuggire alle conseguenze del suo fallimento, venne strangolato a Belgrado, su ordine del sultano Mehemet IV, nel dicembre dello stesso anno.

Questa ricostruzione ha voluto mettere in luce l'importanza dell'intervento polacco per la vittoria contro l'armata ottomana alle porte di Vienna. È molto probabile, come è stato sostenuto, che l'Impero Ottomano non avesse la forza necessaria per spingere oltre le sue conquiste se mai la città fosse caduta. Alcuni hanno voluto vedere nella determinazione del conte Starhemberg[1], o nelle attente azioni del duca di Lorena, la chiave della vittoria cristiana[2]. Eppure senza le armi polacche la storia della città di Vienna avrebbe potuto essere ben diversa. Anzitutto, dal punto di vista diplomatico, un alleato come la Polonia aveva indebolito i partiti antifrancesi nelle corti tedesche e favorito le alleanze degli elettori con Leopoldo. Ma soprattutto il numero e la qualità degli armati, unitamente all'attacco risolutivo della cavalleria polacca scesa dal monte Kahlemberg, spazzarono via ogni possibilità ottomana di resistere o ritirarsi in ordine. Ed è molto improbabile che il duca di Lorena e i suoi alleati potessero ottenere una vittoria così netta e schiacciante in così breve tempo.

---

[1] È l'ipotesi di Stoye (Cfr. J. STOYE, *cit*.).

[2] È questo il caso dello studio di Barker (Cfr. T. M. BARKER, *cit*.).

Al termine dell'assedio di Vienna, le sorti dei due stati vittoriosi cominciarono a prendere direzioni ben chiare. L'impero degli Asburgo, partendo dalla liberazione dell'Ungheria, iniziò a scalzare gli ottomani dai Balcani ponendo le basi per la sua futura espansione e prosperità. Mentre, nonostante l'intervento provvidenziale dei polacchi guidati dal sovrano Sobieski, la Confederazione Polacco-Lituana iniziava inesorabilmente il suo periodo di decadenza che l'avrebbe condotta in meno di un secolo alla prima spartizione della Polonia (1772). Ed anche il Sacro Romano Impero che, in un certo senso, poteva dirsi "salvato" dai polacchi alle porte di Vienna, partecipò alla spartizione dei territori del prezioso alleato alla fine del Settecento.

LE IMMAGINI

Figura 1. Kara Mustafa, dipinto
anonimo (1696), Wien Museum.

Figura 2. Carlo di Lorena, al quale Leopoldo I aveva affidato il supremo comando dell'esercito imperiale. Tratto da *Vienna a Turcis obsessa...*

Figura 3. Soldati ottomani sconfitti si danno
alla fuga. Bassorilievo dal monumento funebre
a un generale spagnolo (inizi del XVII secolo).

Figura 4. Giovanni III Sobieski rappresentato in abiti da generale romano (1677 circa), Museo Nazionale di Varsavia.

Figura 5. Giannizzero va alla guerra.
Rappresentazione di fine XVI secolo.

Figura 6. Corazza di un Ussaro polacco alato, metà del XVII secolo, Museo degli eserciti polacchi (Varsavia).

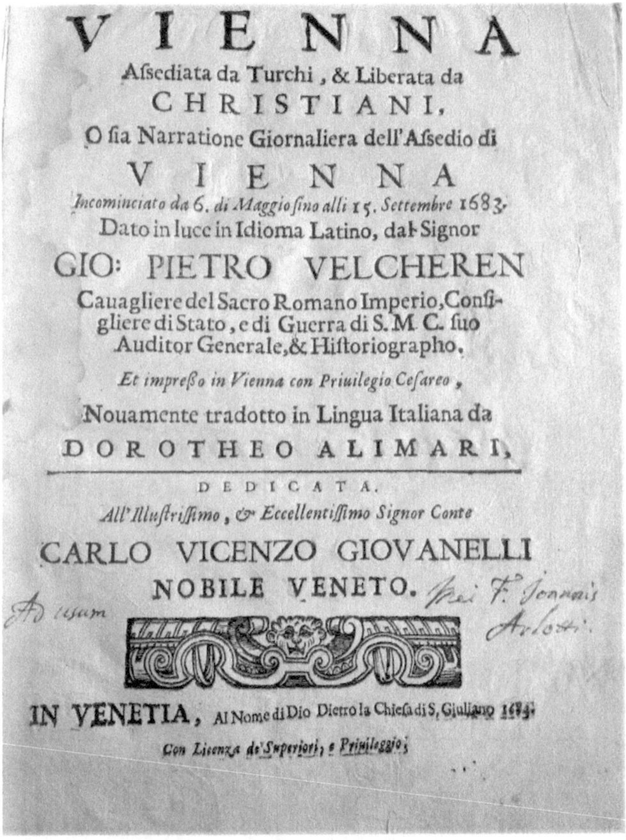

VIENNA
Assediata da Turchi, & Liberata da
CHRISTIANI,
O sia Narratione Giornaliera dell'Assedio di
VIENNA
Incominciato da 6. di Maggio fino alli 15. Settembre 1683.
Dato in luce in Idioma Latino, dal Signor
GIO: PIETRO VELCHEREN
Cauagliere del Sacro Romano Imperio, Consigliere di Stato, e di Guerra di S. M. C. suo Auditor Generale, & Historiographo,
Et impresso in Vienna con Priuilegio Cesareo,
Nouamente tradotto in Lingua Italiana da
DOROTHEO ALIMARI,
DEDICATA
All'Illustrissimo, & Eccellentissimo Signor Conte
CARLO VICENZO GIOVANELLI
NOBILE VENETO.
IN VENETIA, Al Nome di Dio Dietro la Chiesa di S. Giuliano 1684.
Con Licenza de' Superiori, e Priuilegio.

Figura 7. Frontespizio del testo coevo *Vienna a Turcis obsessa....*

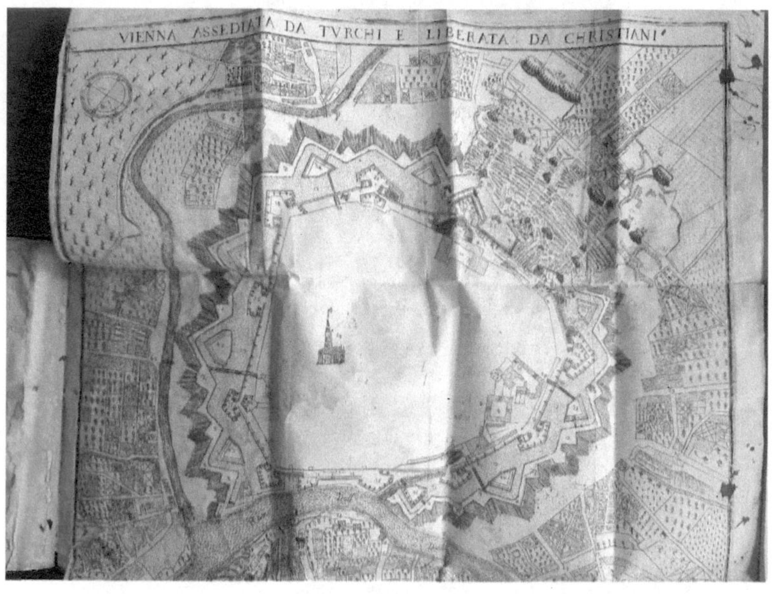

Figura 8. Rappresentazione di Vienna vista dall'alto mentre la città è sotto assedio. In alto a destra si vedono con evidenza le batterie turche, le trincee di avvicinamento e le opere di difesa degli assediati. In *Vienna a Turcis obsessa...*

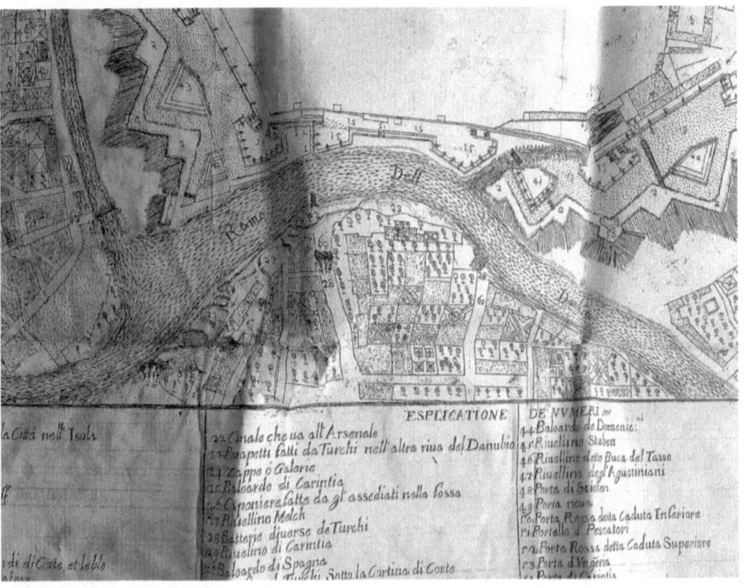

Figura 9. Dettaglio in basso alla Figura 8. L'autore mostra come nella zona orientale della città, fra il canale del Danubio e l'isola di Leopolsdat, fossero presenti alcune batterie turche con lo scopo di disturbare gli assediati e di bloccare possibili vie di approvvigionamento. In *Vienna a Turcis obsessa…*

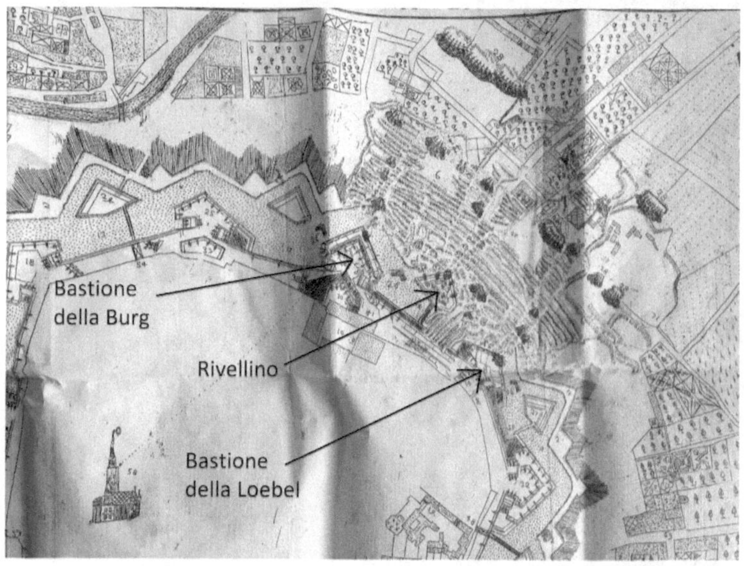

Figura 10. Dettaglio della Figura 8. L'immagine rappresenta la situazione della avanzata ottomana nella fase finale dell'assedio. Si possono notare le batterie dei due schieramenti, la fitta rete delle trincee turche e le palizzate costruite dalla guarnigione. È anche possibile scorgere le brecce sui bastioni e sul rivellino, oltre alle costruzioni turche poste fin dentro il fossato. In *Vienna a Turcis obsessa...*

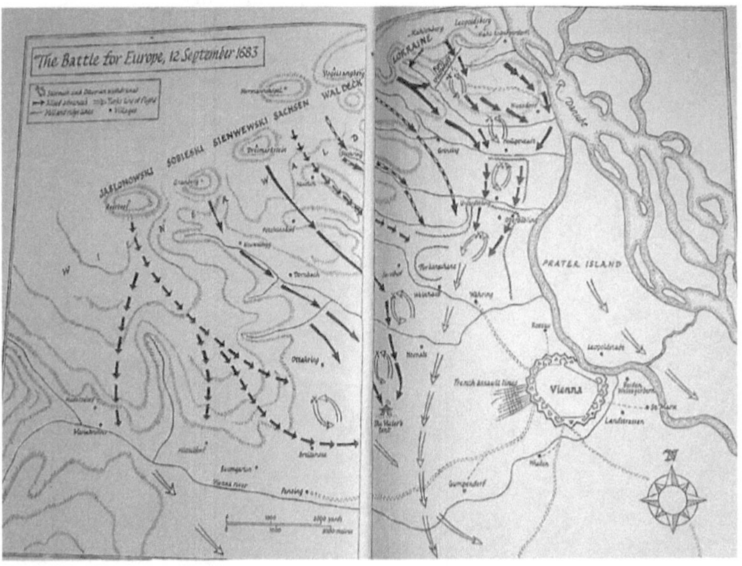

Figura 11. L'avanzata dell'esercito di liberazione dal monte di Kahlemberg e la battaglia campale del 12 settembre. Nello schieramento cristiano, disposto da Sobieski, a sinistra venivano le truppe imperiali, al centro le forze degli elettori tedeschi e a destra l'esercito polacco.

BIBLIOGRAFIA

T. M. BARKER, *Double Eagle and Crescent. Vienna's Second Turkish Siege and Its Historical Setting*, State University of New York Press, Albany, 1967.

J. BLACK, *War and the world. Military power and the fate of continents (1450-2000)*, Yale University Press, New Haven-Londra, 2000.

H. BOGDAN, *Storia dei paesi dell'est*, Stabilimento grafico Sei, Torino, 1991.

S. BONO, *Lo spettro del Turco nell'Europa di ieri e oggi*, in *Storia religiosa dell'Islam nei Balcani*, a cura di L. VACCARI, Centro Ambrosiano, Milano, 2008.

P. BRUMETT, *Mapping the Ottomans. Sovereignity, Territory, and Identity in the Early Mondern Mediterranean*, Cambridge University Press, New York, 2015.

R. BRZEZINSKI, A. MCBRIDE, *Polish armies 1569-1996* in *Men-at-arms Series*, Osprey Publishing, Londra, 1991.

F. CARDINI, *Il turco a Vienna. Storia del grande assedio del 1683*, Laterza, Roma-Bari, 2011.

G. E. CARRETO, *I Turchi del Mediterraneo. Dall'ultimo impero islamico alla Nuova Turchia*, Editori Riuniti, Roma, 1994.

D. CHANDLER, *The Art of Warfare in the Age of Marlbourough*, Hippocrene Books inc., New York, 1986.

M. DALÉRAC, *Polish manuscripts: or, the Secret History of the reign of John Sobieski the III...*, Rhodes, Londra, 1700.

N. DAVIES, *God's playground. A History of Poland*, Columbia University Press, New York, 1982.

P. DEL NEGRO, *Guerra ed eserciti da Machiavelli a Napoleone*, Laterza, Bari, 2001.

S. FAROQHI, *L'impero ottomano*, Il Mulino, Bologna, 2014.

J. L. GELVIN, *Storia del Medio Oriente moderno*, Einaudi, Torino, 2009.

H. A. R. GIBB (a cura di), *The Encyclopaedia of Islam*, E. J. Editore, Leiden, 1979.

A. GIEYSZTOR, *History of Poland*, PWN - Polish Scientific Publishers, Varsavia, 1979.

J. GOODWIN, *I signori degli orizzonti. Una storia dell'impero ottomano*, Einaudi, Torino, 2009.

P. HANAK, *Storia dell'Ungheria*, FrancoAngeli, Milano, 1996.

C. INGRAO, *The Habsburg Monarchy. 1618-1815*, Cambridge University Press, New York, 1994.

R. A. KANN, *A History of Habsburg Empire 1526-1918*, University of California Press, Berkely-Los Angeles, 1980.

R. F. KREUTEL, *Kara Mustafa vor Wien. 1683 aus der Sicht türkischer Quellen*, Verlag Styria, Graz-Vienna-Colonia, 1982.

G. C. KUNITZ, *Diarium Welches Der am Türckischen Hoff, und hernach beym Groß-Vezier in der Wienerischen Belägerung gewester Kayserl...*, Vienna, 1684.

L. E. LE ROY, *L'Ancien Régime. I. Il trionfo dell'assolutismo da Luigi XIII a Luigi XIV (1610-1715)*, Il Mulino, Bologna, 2000.

A. MACZAK, *Money, Prices and Power in Poland, 16-17th Centuries. A comparative Approach*, Variorum, Aldershot, 1995.

R. MURPHEY, *Ottoman warfare 1500-1700*, ULC Press, Londra, 1999.

F. OTTAVIANO, *I giannizzeri e il Vak' a-i Hayriye*, Bardi Editore, Roma, 2006.

O. LAWSKOSKI, *Sobieski. King of Poland*, Polish Library, Glasgow, 1944.

G. PARKER, *La rivoluzione militare*, Il Mulino, Bologna, 1999.

N. J. G. POUNDS, *Poland between East and West*, Van Nostrand Searchlight Book, New York, 1964.

G. RICCI, *I turchi alle porte*, Il Mulino, Bologna, 2008.

H. Schilling, *Ascesa e crisi. La Germania dal 1517 al 1648*, Il Mulino, Bologna, 1988.

J. Stoye, *L'assedio di Vienna*, Il Mulino, Bologna, 2009.

J. P. Vaelckern, *Vienna a Turcis obsessa, sive Diarium obsidionis Viennensis*, Voigt, Wien, 1683, trad. it: D. Alimaro, *Vienna assediata da Turchi, et liberata da christiani, o sia Narratione giornaliera dell'assedio di Vienna incominciato da 6 di maggio sino alli 15 settembre 1683*, Albrizzi, Venezia, 1684.

Voltaire, *Il secolo di Luigi XIV*, trad. U. Morra, Einaudi, Torino, 1994.

A. Wheatcroft, *The enemy at the gate. Habsburg, Ottomans and the battle for Europe*, Basic Books, New York, 2009.

J. B. Wolf, *Luigi XIV*, Garzanti Editore, Milano, 1968.

J. W. Woś, *Giovanni III Sobieski e la battaglia di Vienna (12 settembre 1683)*, Romagrafik, Roma, 1984.

J. W. Woś, *La Polonia nella sua storia millenaria*, Edizioni Città di Vita, Firenze, 1986.

J. W. Woś, *Sussidi per la storia della Polonia*, Centro di Documentazione sulla Storia dell'Europa Orientale, Trento, 1998.

Sitografia

Biblioteka Literatury Polskiej w internecie
(http://literat.ug.edu.pl/);

L. Bohdanowicz, *The Polish Tartars*. in *Man*, vol. 44,
1944, pp. 116-121, JSTOR
(www.jstor.org/stable/2791853);

P. Brainard Alfred, *Polish-Lithuanian cavalry in the
late seventeenth century*, in *The Polish Review*, Vol. 36,
No. 1 (1991), pp. 69-82, JSTOR
(www.jstor.org/stable/25778547);

G. Veinstein, *On the Ottoman Janissaries (Fourteenth-Nineteenth Centuries*, in *Fighting for a Living: A Comparative Study of Military Labour 1500-2000*, Amsterdam
University Press, Amsterdam, 2013, pp. 115–134, JSTOR
(www.jstor.org/stable/j.ctt6wp6pg.7).

www.ingramcontent.com/pod-product-compliance
Lightning Source LLC
LaVergne TN
LVHW091548170726
843492LV00007B/2099